每天的生活，都是靈魂的精心創造

You create your own reality.

每天的生活，都是靈魂的精心創造

You create your own reality.

You create your own reality.

每 天 的 生 活 ， 都 是 靈 魂 的 精 心 創 造

賽斯心法25

放鬆的心智
——《健康之道》讀書會6

主講——許添盛
文字整理——李宜懃
總編輯——李佳穎
責任編輯——張郁琦
文字協力——陳世文
美術設計——唐壽南
版面構成——黃鳳君
發行人——許添盛
出版發行——賽斯文化事業有限公司
地址——新北市新店區中央七街26號4樓
電話——22196629
傳真——22193778
郵撥——50044421
版權部——李宜懃、馬心怡
數位出版部——李志峯
行銷業務部——楊婉慈
網路行銷部——高心怡
法律顧問——北辰著作權事務所
印刷——鴻柏印刷事業股份有限公司
總經銷——大和書報圖書股份有限公司
地址——新北市新莊區五工五路2號
電話——89902588　傳真——22997900
2025年7月1日　初版一刷
售價新台幣350元（缺頁或破損的書，請寄回更換）

ISBN 978-626-7696-05-7
賽斯文化網站http://www.sethtaiwan.com

Unwinding the Mind

Introduction to "The Way Toward Health" Vol.6

放鬆的心智

《健康之道》讀書會 6

許添盛醫師◎主講
李宜懃◎文字整理

關於賽斯文化

發行人 許添盛醫師

我是個腳踏實地的理想主義者。賽斯文化，是為了推廣賽斯心法及身心靈健康理念而成立的文化事業，希望透過理性與感性層面，召喚出人類心靈的「愛、智慧、內在感官及創造力」，讓每位接觸我們的讀者，具體感受「每天的生活，都是靈魂的精心創造」（You create your own reality）。我們計畫出版符合新時代賽斯精神之書籍、有聲書、影音商品及生活用品，並提攜新進的身心靈作家，致力於賽斯思想及身心靈健康觀念的推廣，期待與大家攜手共創身心靈健康新文明。

放鬆的心智

《健康之道》讀書會6

Unwinding the Mind: Introduction to "The Way Toward Health" Vol.6

目錄

關於賽斯文化

第51講

51-1 ——經常整理情緒，能讓身心保持平衡 014

給自己一些放鬆的時間是個好主意，放鬆是最偉大的鬥士 015

小時候的格言無形中成為核心信念，需要適時調整 018

一個遊戲性的轉移會釋放沮喪的情緒 020

51-2 ——過期的思想信念猶如舊家具，定期清理才能踏上乾淨、喜悅的道路 022

目前人類內在豐沛的無意識情感能量正要展現 024

學習身心靈概念讓我們在心境上預做準備，對未來毫無恐懼 026

51-3 ——在所有健康不良或身心壓力的事情裡，都存在否認、恐懼及壓抑的味道 029

大多數人在某些時候，會思考自己死亡的可能性 031

死亡不會解決問題，下輩子一定會再回來重修 033

51-4 ——每個人天生就想與同胞合作，有幫助別人及貢獻一己之力的需要 035

找不到人生目標的人，容易掉入貧窮或生病 037

父母要給孩子真正的愛與關懷，不是只在乎孩子的成就和表現 039

每個人都要找到自己的典範，活出自我肯定、自己的價值和意義 042
讓自己健康快樂，能成就自己和周遭人，就踏上了生命的偉大之旅 044

第52講

52-1——攝護腺癌是因為男人進入更年期後，陰性能量展現得不夠 048
把所有過去的經驗當成參考，隨時可以重新創造實相 051
只要常常找回赤子之心，每天的生活都可以充滿了新鮮 053
52-2——沒有一個人是為了自殺而被打入地獄 056
想自殺的人通常會對一位朋友或親人提及此事，此時該誠實地檢驗 057
胰臟癌患者的配偶多半極為強勢 060
一個人主觀的認知越多，生命越局限 062
自殺者經常缺乏與別人溝通、誤解他人的動機、無法表達自己的需要 065
52-3——常常思量自殺的人，的確該跟一個知己談談這個問題 068
遭遇問題時找人談一談，可以藉機好好整理自己的思緒 070
有時候我們一些彷彿無害的小評論，能讓別人看到新的可能性 072
每個問題都有解答，但死亡並非解答，而是這一輩子的結束 074
52-4——若要輔導意圖自殺的人，請他暫且延遲做任何決定是個好主意 077

第53講

53-1——找到自己未來的喜悅和快樂的方向，身體就會自然而然恢復健康 082
給出去什麼，就會得到什麼 084

53-2——不讓自己被欺負是替對方著想，因為受到對方的惡意對待就是結惡緣 087
我們行星上的每個人，都需要每個活著的人的每一點幫助和鼓勵 089
53-3——如果不滿意生活條件，可以將自己投射進一個滿意的未來 091
對渴望的未來抱著巨大的信心，而且在當下採取行動 093
沮喪的人貫注在世界的悲慘上，因為遺漏掉有關人的英雄主義 097
53-4——世界所有的問題也都代表偉大的挑戰 100
世界需要每隻手和每隻眼，並為愛和關懷的表達大聲疾呼 102
不論生命遭遇到什麼打擊，都是為了導向一種正面、光明的成長 105
53-5——除非涉及肉體的疼痛，該避免用藥，尤其是對那些在沮喪狀態的人 108
有些藥物會產生鼓勵自殺傾向的情緒 109
許多在社交場合嗑藥的人，真的是在玩一種心理的俄式輪盤賭 112

第54講

54-1——治療癌症最好的方法是價值完成治療法 116
運用邏輯推理不見得總能推導出解決之道，此時要憑藉的是信任 118
人都是被自己的思想害死的 123
被困在無法解決的難題時，最好的方法是去玩 126
54-2——越信任身體，越能激發身體自我療癒的能量 128
許多人把藥物視為一種化學毯子，用來掩蓋而非抒解 130
「放下」是信任自己存在的自發性，對自己生命的能量投降 133

54-3——糟糕的情緒就是要引導我們去找出糟糕的想法　136
覺得自己是好人，通常身體會很好　138
發生在身上的每件事，都有一個最重要的正面意義　141
對過去生命中發生的每件事發出感恩的信念　144

第55講

55-1——學任何東西一定要用心，只要全心投入整個能量會不可思議　148
55-2——越活在大自然當中，就可以找到蓬勃生氣的健康或經驗的必要知識　152
學會越充分地活著，彷彿隱藏的「宇宙的神祕」就開始出現得越多　155
55-3——自殺的人排斥他們自己的生命，不想被生下來　158
越早開始喜歡自己的人生，人生就會過得越歡喜　160
時時提醒自己把心打開，回到童年合作性、遊戲性的冒險和愛的表達　162
家庭成員一起加入治療，有助於提升諮商成效　165
55-4——即使當負面的想法以其最嚴重的形式展現時，仍有改善與實現的希望　168
對個人信念的瞭解，及產生更新的、生物上更重要的信念，會改善病情　170
《健康之道》就是在教大家如何呼喚宇宙的力量　173

第56講

56-1——學習賽斯心法時，先把頭腦先放一邊，讓自己用「心」聽　178
唯有負面夠了，生命才會回到光明，恨出來夠了，身體就開始自我療癒　180

56-2——想自殺的人是覺得在私人生活中，沒有進一步發展、表達或成就的空間 184
如果克服危機點，繞過不舒服的情境，疾病就會在轉眼間消失 186
56-3——只要癌細胞還在成長，就表示當事人沒有在學習和成長 190
與生俱來地，每個人的確瞭解有死後的生命 191
求死的欲望背後，存在著求生意志的所有活力 194
56-4——沒有人是疾病與病毒的受害者 198
不要讓所愛的人在離開時寂寞的走 200
個性越有彈性，人生就越寬廣，未來有越多的可能性 202

第57講

57-1——真正要餵養肉體的不是健康食品，而是正面的能量和信念 206
只要參考別人怎麼看，而不是在乎別人怎麼看 208
追求身心靈的基本心態就是要離經叛道 211
開始找回主權，父母說的話不見得要照單全收 213
得癌症的人是為了能達成優質的叛逆，以便找回自己的力量 216
57-2——糖尿病最核心的關鍵是面對生命時有一種無力感 219
拋開無力感，重新點燃熱情 221
57-3——當一個人的生命推力、意圖和目的已不在物質實相，會很快離開地球 224
越開始充滿生命力過著想要的生活，病就好得越快 226
癌症痊癒的關鍵，在於當事人是否喚起了對自己的力量和權力的信念 228

57-4——接納整合自己的黑暗面，癌細胞就會轉成正面光明的健康細胞 231
生命意指能量、力量及表達，每個人本就該表達自己的特性與能力 233
透過內在幻想有助於療癒 236

第58講

58-1——每個人都是實習神明，具備了神明所擁有的一切能力 240
承認自己是實習神明，運用強大的內在力量創造更好的實相 242
實習神明會從宗教和醫學當中拿回自己的力量 245

58-2——每個人都要好好面對內在的負面情緒和想死的念頭 248
癌細胞過度的蓬勃生氣，代表當事人內在有一種想要擴展和表達的需要 250
如實找回存在的力量，不要把力量交給令自己恐懼的人事物 252

58-3——「思維移植」的手術會讓很多人的病迅速消失 256
正常時間裡要花上幾年的行動，在架構二裡可能發生於一眨眼之間 259

58-4——只要一心一意，宇宙會幫忙開路，做事一定會成功 262
清除負面信念，能讓架構一和架構二之間的通路順暢無阻 263
呼喚無意識的自己，要求提供影像，將有助於擺脫人生的困難 267

第59講

59-1——冥想練習一：清掃體內的灰塵，將疾病化為灰燼 272

59-2——冥想練習二：與內在無意識的自己對話 275

59-3 ——生命即表達，表達就是溝通與交流 279
宇宙的能量一直覺察到我們的存在，呵護著我們 284
59-4 ——盡一切可能將幽默插入生活情況裡 288
學習一些全新的知識領域，對病情會大有助益 290
精神性地玩遊戲，有助於給意識心一個需要的休息 292

第60講 愛的推廣辦法

60-1 ——很多人因為安全感不夠，就用生病來試驗自己是否被愛 298
如果對自身存在的正當性不確定，就會一直想證明自己的價值 300
先認可自己的價值，就不必透過生病或意外來證明自己被愛 303
60-2 ——任何時候只要可能，病人留在家中都遠比穩定地住在醫院裡要好得多 306
憤怒要被表達，而非壓抑 308
60-3 ——一旦架構二的管道打開了，新的可能性立刻在生命的所有領域打開 312
生命的發展、完成及成就，遠比死亡、疾病及災難更多 314
60-4 ——在健康問題顯現之前，幾乎永遠有一個自尊或表達的喪失 318
無論肉體上發生了什麼改變，都是因為求生的意志減弱了 320
過去、現在、未來同時存在，改變過去的目的是要幫助現在 323

第51講

51-1

• 經常整理情緒，能讓身心保持平衡

之前我們在《健康之道》裡講到情緒跟疾病的關係。許多長期情緒壓抑的人，如果情緒瞬間爆發，通常會出現幾個疾病，一個是皮膚病，例如風疹、濕疹、牛皮癬、搔癢。因此，要是突然出現大片疹子或劇烈的皮膚過敏，先排除吃到不新鮮的海鮮食物所引起的狀況，這時是皮膚正在排除內在的情緒，那是一種情緒爆發，整個皮膚可能會紅、腫、癢。

另一種情緒爆發是消化性潰瘍，胃潰瘍、十二指腸潰瘍，這是情緒的內爆，就像核子試爆一樣，可以到天上，也可以在地底下，情緒更壓抑的人會往內擠壓，擠壓到胃和十二指腸的表層，然後胃和十二指腸就會像火山口一樣，整個爆發出來。

我一直講，每個人一個月至少要整理一下頭腦裡面的思想，包括正面的信念和負面的信念，用自由意志去做抉擇，把很多思想歸類，而且每個人一週至少要做一次

情緒的調整，不管是向外宣洩，還是向內靜心，要時時回來觀照情緒的起源。像我們有位同學在家裡情緒很壓抑，也許回到家，很多情緒的表達不順暢。我想他應該多出門，才能在情緒上跟更多人交流。

像有些人某段時間常常容易發脾氣，看誰都不順眼，四周聲音稍微大一點就不耐煩，想跟人家起衝突，這表示情緒已經累積到頂點，滿到喉嚨了。此時就要處理，看要用什麼方式，比如說練瑜伽、跑步、唱卡拉ＯＫ、跟朋友談一談、跟我們志工或輔導老師說說話。經常整理情緒，對自己的身心都有很好的平衡作用。

‧給自己一些放鬆的時間是個好主意，放鬆是最偉大的鬥士

（《健康之道》第三八五頁）第十一章，從最底處向上重新來過。求生的意志。重新來過——改變一個人的信念，是個大膽的努力。這一章對很多人都非常適用，我們學賽斯心法時，很大一部分是調整自己的信念和心態。

我發現有些同學上課時都學得很好，但上課是用這一邊的腦袋在學，回到家卻是用另一邊的腦袋在活，遇到問題時，他們會說：「許醫師講的這一套是心靈的，可是我們回到家庭，現實還是得用現實的方式來解決。」這樣早晚會精神分裂。同學之所

以會來到這裡學習，就是現實生活不夠開心、不夠健康，所以我想請大家試著轉變看看，把學到的東西用在現實生活當中以及與人的互動。

像有個香港同學的先生，把在這邊學到的賽斯心法用在做生意上面，結果發現生意順利多了，本來一間應該要收起來的公司，業績慢慢越來越好，整個家也改善了，這個東西用在現實生活當中很棒。過去大家以為心靈的東西來到心靈的場合才有用，其實不一定，回到現實的場合，有時候更有用。我常常講，我一邊上課，就是大家一邊改變信念、改變心態的時候。

改變一個人的信念，是個大膽的努力。十分可能，在改變信念的道路上，你會變得沮喪或幻滅。許多同學很沮喪，明明知道應該把賽斯心法用得很好，為什麼又要去用現實的方法？有時候會幻滅，賽斯也知道，所以他告訴大家要怎麼辦。在這種時候，給你自己一些放鬆的時間是個好主意。將你的注意力完全轉到別的什麼事。

我們有個同學把注意力轉到看周星馳的電影，聽說《功夫》這部片他看了五遍，或是看偵探片、幽默的吸血鬼電影也可以。當一個人太過努力，會白努力。記得有時候要轉移注意力到其他地方，給自己一些放鬆的時間。

而心裡說：「目前去他的。」賽斯說管他的，暫時放下吧！給自己一段時間、一些空間，暫時不要再去加重事情的嚴重性，目前暫且放下，不是逃避。有時候在人生當中，有一種叫自動駕駛，就是把意識拿開，而順應內在的動力，人內在神性的自己能幫我們解決問題。

整個概念涉及一個過程，在其中，你同時既試又不試，在其中，你不努力去達成結果，反而溫和地開始容許自己去跟隨主觀感受的輪廓。比如說，像我們之前有個肺癌的同學，一直很努力要好起來，很努力學習這一切，結果努力到後來很累、很辛苦，這時候賽斯要大家既努力又不努力。就像我們吃冰淇淋，有點冰又不是很冰，吃餅乾有點酥又不是很酥，吃東西有點飽又不是非常飽。

它在一種狀態裡面，不要用力過度，因為空能夠讓東西進來，賽斯講，放鬆是最偉大的鬥士，不要把自己綳得太緊。一個人感覺很辛苦、很累，就是把自己逼得太緊的時候。像現場這位同學之前就是把自己逼得好緊，任何事都要做到盡善盡美，以得到別人的稱讚，為了盡一切力量幫助婆婆，而讓自己瀕臨崩潰。她現在坐在這邊上課，看起來兩眼張開，其實是在放鬆，因為過去真的太辛苦了，鬆弛一下自己。有時候瑜伽也好，現代舞也好，去爬山、游泳，都有助於放鬆。

・小時候的格言無形中成為核心信念，需要適時調整

不努力去達成結果，反而溫和地開始容許自己去跟隨主觀感受的輪廓，去發現幼時那些心靈和生物上有效的信念，並帶給那些有效的信念至今你這一生所獲得的最佳智慧。什麼叫做有效的信念？我記得我們國小、國中最喜歡的是格言，例如「滾石不生苔」、「失敗為成功之母」、「滴水穿石，聚沙成塔」、「吃得苦中苦，方為人上人」。

這些格言都是在幫我們建立核心信念，請把小時候的日記翻出來，找出書桌上的格言，用今天學到的賽斯心法檢驗，如果一個人從小就信奉「吃得苦中苦，方為人上人」，那麼現在苦得要命，要怪誰？有沒有成為人上人我不知道，可是我知道他一定很苦。信念創造實相，那些貼在書桌上的格言就是以前的信念。

像台中團療有個乳癌的同學，根本不知道自己為什麼得了乳癌，於是把小時候的格言找出來，才終於知道原因。她小時候信奉的格言是：做任何事一定要全力以赴，完美無缺，結果工作做得很好、把家人照顧得無微不至，但心情卻死掉了。因為對她而言，孩子是事情，家庭生活是事情，她用做事情的心態去當媽媽，可是當媽媽不只有事情，也伴隨許多心情。

她全力以赴，每天要做好每件事，把自己繃到了極點，這麼累的人生怎麼過下去？難怪會得乳癌。那時候我看著她說：「妳大概也常常上健身房，我看妳好像很強壯的樣子。」她說：「對，我吃得很好、吃得很對，還去健身。明明把身體練得很好，真不明白為什麼會生病？」

後來她找出小時候的信念：每件事要做得很完美，不能輸給別人。就是這個信念讓她辛苦這麼久！我不是要大家當懶惰蟲，而是使用神奇之道，輕鬆不費力，事半功倍。我常講，學了賽斯心法，事半功倍不只是兩倍，可以是四倍、八倍、十六倍。一旦信念建立起來，付諸行動，心態搭配冥想，跟隨衝動，就會事半功好幾倍。

我記得小時候有個很強大的信念和格言，叫「事在人為」，所以我從來沒有感受到什麼叫做形勢比人強，這個信念正好搭配了後來長大所學的賽斯心法。但是很多人小時候的格言，說不定就是讓自己今天既辛苦又不快樂的原因，去找出小時候的格言，這些就是內在無形當中的核心信念，把好的保留下來，不好的則用今天學到的賽斯心法去調整。

●一個遊戲性的轉移會釋放沮喪的情緒

所以，當你變得沮喪時，一個遊戲性的轉移該給你令你神清氣爽的釋放。人不要太嚴肅，有時候沮喪時，搞笑一下。像我今天下午過得很精彩，有個個案在我的診間霸占診療椅，怎麼樣都不肯離開，為什麼？因為他在三、四個月前，把他的心情和症狀寫在一張紙給我，那是從筆記本撕下的一張紙，我看完後，過一、兩天就隨手丟掉。

從此之後，他每個禮拜都來跟我要那張紙。我告訴他：「沒有了，我丟掉了。」他一直說：「許醫師，你還給我嘛！為什麼不還給我？還給我，我才要走。」講了一百遍，就是不走。後來叫警衛上來，他說：「不要碰我，誰敢碰我？」他還是不走，結果花了九牛二虎之力，先把他移到旁邊另一張簾子後面，讓其餘的個案進來繼續看診。

後來有個個案國中一年級，媽媽帶這個孩子來坐在那邊，他說：「你叫我老爺，我才會給你看病。」我馬上叫他：「大爺，這樣可以嗎？」他說可以。這個孩子可能有點智能和人際障礙的問題，從國一開始在學校不配合，老是說要殺同學。學校就請媽媽帶來，希望我們開個診斷書，讓他每天下午不必去上課，因為他中午會去煩老師，讓老師沒辦法睡午覺。學校和老師顯然想撇清關係，可是我覺得這種特殊孩子才應該留在學校，放在特殊班，接受有愛心的老師個別輔導。

他坐在那邊說：「我要殺死你。」我說：「大爺，放過我，求你不要殺我，不要潑我硫酸。」後來他好愛我，他說：「既然你求我饒了你，我不殺你了。」我說：「謝謝大爺的大恩大德。」這個孩子出去的時候，還頻頻回頭跟我打招呼，因為只有我求他不要殺我，其他人都不求他，老師說：「你說什麼？再講一遍。」媽媽說：「你怎麼可以說要殺人？沒禮貌。」只有我說：「你好棒，英雄放過我吧！」他好高興，出去時還說：「我看我不會殺你了，我去殺其他人好了。」我就說：「謝謝，我好感動。大爺，下次再來看我好不好？」

本來我今天下午很鬱卒，因為前面的個案霸占診療椅不走，幸虧那個小朋友進來救了我，我好感謝他讓我有搞笑的機會，結果我整個下午的鳥氣和沮喪就煙消雲散了，情緒突然都釋放掉。這就是一種人生態度，有時候我們真的要搞笑一下。

我常講，當爸媽的人，如果小孩子不聽話，就叫他一聲大爺：「你饒了可憐的爸爸、媽媽吧！」小孩子會很快樂的說：「既然你都求饒了，那我放過你們。」賽斯說，一個搞笑的遊戲性轉移，會讓我們神清氣爽的釋放掉很多沮喪的感覺。女同學回到家，趕快對老公說：「老爺，我回來了。」他一定很高興。

51-2

‧過期的思想信念猶如舊家具，定期清理才能踏上乾淨、喜悅的道路

（《健康之道》第三八六頁倒數第二行）一個逃避性的電影，暫時讓人逃避所有的煩惱，可以沉浸其中，至少在那兩小時裡，不會去想自己有沒有搔癢症、有沒有癌症，馬上忘得一乾二淨。或小說，沉浸在小說當中，吸血鬼小說或言情小說都好，如果忘了瓊瑤的小說情節，再找來看。

或買一些可能放鬆你的意識心的瑣碎小玩意兒。買個大富翁或小遊戲來玩，一些瑣碎的小玩意兒，投入其中，就不會擔心能活多久、卡債怎麼辦，不把自己放在負面的心情裡。通常我們成年後很少玩遊戲，於是日子過得這麼悲哀，因為我們忘了遊戲才是宇宙的本質，人生只是一場神聖的教育劇，不要入戲太深，有時候讓一些遊戲的心情出來，會發現其實還滿搞笑的。

我們實際上是抱著獲得與我們的身體、我們的心智、我們的同胞，及環境和諧

的一種新感受，而捲入了一個生活方式的改變，捲入了我們對自己及世界的看法的改變。這就是學賽斯心法導致的結果，會改變對這個世界的看法和生活方式，少量多餐、分段睡眠，對自己、對周遭的人、對環境產生一種新的和諧感受。感覺越和諧，細胞相處得就越和諧。

沒錯，再沒有更令人興奮的冒險。原來我們在學賽斯思想、身心靈的觀念，是如此令人興奮的冒險，因為會澈底改變自己的心態和人生觀。而它將帶來比遠征到任何陌生景色更多的驚奇及發現。我常講，以好玩的心學賽斯心法，去把癌症玩死，不要被人生玩死。可是現在很多人都不是在玩人生，而是被自己的人生玩死，被工作、被婚姻搞死，不是這樣子，人生是一場令人興奮的冒險。

你們的信念的確以其自己的方式是活生生的。現在，別將信念、思想視為理所當然。如果把過去接受的思想觀念都視為理所當然，這就是固執、僵化，叫做「我執」，彷彿滿屋子放了舊家具，不去清理，每天跌跌撞撞。之前賽斯打過一個比喻，為什麼有的人會在自己的人生道路上跌跌撞撞？因為他們在屋子裡，擺滿了許多過期的思想、信念、僵化的人生觀，然後走來走去，當然每天跌跌撞撞，所以要把這些舊家具清一清，才能清出一條乾淨、喜悅的道路。

•目前人類內在豐沛的無意識情感能量正要展現

不要把很多思想和信念視為理所當然，不要堅持己見，認為一定得如何，反之，開始注意這些信念的獨特性及多樣化。我們是自己思想的主人，可以決定要怎麼想。像我最近在讀《早期課》，裡面講到一段，我現在正在決定要怎麼想。約瑟問賽斯：「在地球上各洲大陸的板塊，有史以來上升和下沉過幾次？」

板塊會移動，比方說，以前喜馬拉雅山是在海底，所以現在喜馬拉雅山上有貝殼和海底的生物化石。現在很多的大陸和高山都是從海底浮出來的，想像一下，喜馬拉雅山是經過幾千萬年慢慢浮起來，還是在一、兩年，一、二十年內浮起來？這就有意思喔！

賽斯回答說，地球上這些洲上升和下降過無數次，這是很大的事吧！這裡我就產生了幾個聯想：一個是聖經上講的諾亞方舟，當時諾亞住的整個陸塊沉下去，聖經的記載是諾亞一家人跟上帝的連結比較好，所以上帝叫他開始造方舟，等到整個陸塊下沉時，諾亞一家人和方舟上的動植物在海上漂了一年多，到另一個區域，我不知道這是不是全世界新文明的起源，這是西方的說法。

東方也發生過類似的事，本來大禹的爸爸鯀用圍堵的方式治水失敗了，換成大禹治了十幾年，三過家門而不入。從鯀開始治水，到大禹水退為止，前後歷經二十多年。所以大禹治水是東方的板塊運動，以前整個中原叫做雲夢大澤，湖北整個全都是湖，根本都是在水底下，中國這塊板塊是不是在那時候浮出來我就不確定了。

更有趣的是，我對台灣原住民的一些文化也稍微留意了一下，發現許多原住民神話的傳說都有過大洪水的記錄，而且不只是台灣的原住民，世界各大原住民的傳說都提到大洪水。這個大洪水就是上一次板塊的移動，在西方我們可以知道那個板塊移動跟諾亞方舟有關，在東方是跟大禹治水有關。

最近我又聯想到一部電影《日本沉沒》，原本是一本小說，拍成電影搬上大銀幕。裡面提到在三年內，整個日本島會沉下去，日本一億兩千萬人當中，大概有八千萬人會罹難，這就是剛才講的板塊運動。

板塊運動是整個地殼在變動。我們以為地殼很硬，但地殼只不過是地球表面薄薄的一層，整顆地球其實是液體，整個地殼是浮在液體上面的，板塊像是結冰上面的那一層。

如果用雞蛋來比喻地球，地殼就像雞蛋的殼一樣，殼很堅硬，不過地殼底下統統是液體，所以火山爆發時，是裡面的流體噴出來，也就是紅色的岩漿。為什麼歷來的革命都是用紅色？因為代表地殼在變動，而地殼代表了人的集體潛意識。這裡我打了很多比喻，地殼代表我們的集體潛意識，理性有時候代表的是地殼，可是我們的理性下面有豐沛的情感能量，目前人類內在豐沛的無意識情感能量正要展現出來，這個展現逐漸成形。

• 學習身心靈概念讓我們在心境上預做準備，對未來毫無恐懼

重點來了，約瑟繼續問賽斯，請問下一次這種地球板塊運動什麼時候開始？賽斯說，公元兩千年。從美國的卡崔娜颶風、南亞大海嘯，以及一些徵兆、小說、電影，我又產生了很多聯想。此時約瑟有點緊張，問賽斯說：「人類的文明會毀滅嗎？」賽斯斬釘截鐵的說不會，人類不會毀滅，也不會有世界大戰或核子大戰把大家殺光，但可能會經歷某些災難性的過程。

人類現在的文明是地球的第四個文明，第四個文明會過渡到第五個文明，第五個文明叫做「亞特蘭提斯文明」。亞特蘭提斯文明的陸地現在還在海底，等著我們呼喚它浮起來，成為地球有始以來第五個文明的發源地。

我又想到，我們這邊是一個幫助癌友的讀書會，我也在看我個人的命運，為什麼

我會跟大家這麼有緣？為什麼會做這件事？當一個人被宣判得到癌症時，他的心路歷程是什麼？原本的世界崩潰，起了驚天動地的變化，不知道自己能活多久，整個生命要重建。就像在《日本沉沒》這部電影裡面，三年內日本會沉沒，大家不知道自己會死還是會活。

很多得到癌症的人，要把過去的信念、生活方式摧毀掉，開始走上癌症治療的歷程，可是治療也許會好也許不會好。如果治療好了，要不要重建生命、重建人生？我甚至在想，我是不是在預期某些東西？因為我們在這邊學的是如何重建自己的人生，如何以一套新觀念、新思想來改變自己的生活和人生態度，此時的我們是不是已經在為一個可能發生的未來做準備？而整個人類已經到了發展的瓶頸，需要一套新思想、新觀念、新的生活方式，讓我們健康快樂的活下去。

對於未來我沒有太多聯想，只覺得一切都會很棒。不管未來會是什麼樣的時代，也不管是得到癌症的同學，還是健康學習身心靈概念的同學，我們都在預做準備，我說的準備不是每天等著世界末日，放心，不會有世界末日，那個準備是讓自己既活在當下又能達到身心靈的喜悅和自在。如果將來有一天發生了什麼事，心無恐懼，心無罣礙。

如果SARS或禽流感再來，全世界的科學家都找不到疫苗和解決之道，沒有學過賽斯心法的人可能會很恐懼，但學過的同學就可以運用身心靈健康定律，啟動身體的自我療癒力，為自己建立一道防線，知道人本來就是健康的，身體天生俱足了抵抗地球上任何細菌和病毒的能力，包括H5N1、SARS等病毒。

我看到這些東西再搭配所學的一些賽斯思想，就覺得很開心，能更喜悅地活在當下。不論未來發生什麼事，我們在心境上都已做好準備，感覺相當平靜，但不是預設恐懼。

51-3

‧在所有健康不良或身心壓力的事情裡，都存在否認、恐懼及壓抑的味道

（《健康之道》第三八七頁第六行）不過，如果我們在談的是重新來過，不妨從最低點開始而往上努力。這樣，我們可以看到最黑暗形式的信念，然後漸漸看著這些最黑暗形式的信念開始顯現能量、活力和新鮮的推動力。從最底層開始改變，前面說過，去找小時候的格言，也許曾經寫下不健康的格言，例如：「如果輸給別人，我就是豬。」或是常激勵自己：「如果無法出人頭地，我就自殺算了。」

像台中那個乳癌的同學就說：「我的其他兄弟姊妹都很好，學歷很高，如果拼不過他們，我就死了算了。」後來她拼得很努力，讓自己很辛苦，結果得到癌症也真的快死了。把小時候的信念找出來，有些信念必須改變。

在幾乎所有健康不良，不管是體弱多病或生任何病，不幸的生活條件，卡債一堆，買不起房子，繳不出貸款，事業不順，或心、身壓力的事情裡，都存在著否認、

恐懼，及壓抑的強烈味道。這句話要讓我們修行，痛苦的人、不健康的人，有沒有否認自己？否定這個世界、生命的喜悅、婚姻、人性？有。一定有很多的恐懼，恐懼未來、恐懼不好的事發生、恐懼孩子怎麼辦，還有壓抑，不敢講、不敢表達。

把「否認」、「恐懼」、「壓抑」這三個詞記下來，時時去注意，就像神秀講的，時時勤拂拭，勿使惹塵埃。我不見得要大家時時勤拂拭，但要時時回來觀照，有沒有恐懼？「恐懼老公把我休了，恐懼老公不愛我，如果我不幫他侍奉爹娘，恐懼我就是不夠好的媳婦。」還有自我否定，甚至很多情緒的壓抑，不敢告訴別人，不敢跟別人分享。常常去回顧，這三個詞成分有多少？有多少的情緒都是在一種恐懼裡、在一種否認當中？

今天下午來了一位對執政者咆哮的個案，執政者做得好不好是另一回事，我想問他的是：「如果你覺得執政者對社會沒貢獻，對社會弊大於利，那是他的人生功課，可是你在自己的人生當中，做得好不好？請問你為這個社會，為你的家、為人類做了什麼？」

我沒有挺任何人，因為我本身不管宗教，也不管政治，但是我真的要問，在責備別人的同時，要回來看看自己做了什麼？如果今天我在我的人生當中盡力了，做得不錯，為自己感到驕傲，那麼就算我為別人做得不好感到悲哀，可是我依然有自己生命的力量。我們努力要讓每個人拿到自己的力量，別人做得好不好，那是他們要為自己的人生承擔，我們要回到自己的人生，從當下開始，在人生當中做有建設性的行動。

• 大多數人在某些時候，會思考自己死亡的可能性

當涉及自殺或想要自殺時，這些剛才講的否認、恐懼、壓抑，便以它們最嚴重、最明顯的方式被看到——尤其是在年輕人的自殺裡。後來我們將討論一些與自殺有關的轉世影響的特例，但目前我們將關心年輕人日益增加的自殺數字。最近自殺率節節上升。

在某些時候，大多數人會思考到他們自己死亡的可能性。有時候人會想：「這種生活再過下去不如死掉算了。」像我們有個同學就很棒，分享說她還沒得到癌症前，就這樣想過，這個想法太棒了，為什麼？這是她的真實感受，她也是因為這個想法才得到癌症的。

我一直說：「你創造你自己的實相。」她在那段時間內，腦海中經常盤旋著：「這種日子怎麼過？壓力這麼大，我根本沒有自己的生活，要侍奉公婆，所有的事情

都要找我，關鍵是還跟高中的女兒睡。」那老公跟誰睡？這樣的夫妻關係有點怪吧！我們上次上過課，一些婦科疾病都跟婚姻裡面能量的流動有關係。

很多人會思考自己死亡的可能性，那是對生活形勢相當自然的反應。當經濟不好，欠了一、兩千萬，也許會想說死掉算了。對某些人，死的想法彷彿變成揮之不去的執念，以致它感覺上是逃避生活難題的一個方法。它甚至在某些人的腦海裡形成了一種誘惑，一種去自殺的誘惑。

我知道很多精神疾病會變成幻聽，告訴他：「來喔！來自殺喔！自殺不錯，從這裡跳下去喔！」後來這東西又被投射成一種誘惑，彷彿某些地點會引誘人自殺。其實根本沒有什麼地方會誘惑人自殺，全都是自己腦海當中的聲音，是腦海當中一直沒有去面對的那種想死的心念在誘惑著他：「來喔！這地方不錯，河水好平靜，跳下去一定很舒服。只要跳下去，一切都解決了，五百萬的本票解決了，債務解決了，痛苦也解決了，法院的傳票不必在乎了，不用做任何決定了。」「只要再往前跨一步，從十三樓的樓頂再往前多跨那一步，就不用再跟老公、老婆吵架了，不用再受那麼多折磨，不用再去想要不要開刀、化療、放療了，來喔！一小步就可以了，加油！」

聽起來誘不誘人？只要再跨一步就不必承擔一切，也不必回家面對所有的壓力和痛苦。很多人會抗拒不了想要去死的誘惑，因為生活不好過，疾病不好醫，很多想要自殺的人都聽過這個聲音，再往前一步，脖子往前一伸，二十年後又是一條好漢。

・死亡不會解決問題，下輩子一定會再回來重修

我很瞭解這些人，聽得到他們心裡的吶喊。這時候另外一個賽斯心法就來了：「真的解決了嗎？」沒有，連死都可以了，還有什麼不能面對？像我門診有位老先生說：「許醫師，你是個偉大的醫生，我好羨慕你，你好棒，只要你願意幫助我安樂死。」聽到最後那句話，我差點從椅子上掉下來，都可以安樂死了，為什麼不奮鬥繼續活下去？我不是說不可以死，而是還有那麼多選擇，一定得死嗎？結果這位老先生真的慢慢換另一種方式思考，病情在進步。

雖然有時候死亡有那麼大的誘惑，但是要先把心定住，問題沒有解決，下輩子一定會再回來重修。今天我們這邊有這麼多人幫忙，大家都可以到這裡互助合作，不管內心有多少想放棄的念頭。死的意念不只是說死，很多意念會偽裝、會變形，它會說：「放棄吧！不要再努力了，反正也沒什麼好堅持的，我的人生該吃的都吃了，該玩的都玩了，子女也都不錯，到這裡就可以了，活著跟死了差別也不大，幹

嘛再辛苦？」

想死的念頭有很多形式，要認出來。像「人生沒什麼樂趣了」、「孩子不需要我了，活夠了」，都是變形的想死念頭，很多人多多少少都有過，可是現在大家有個很好的目標：好好學習賽斯心法。

51-4

‧每個人天生就想與同胞合作，有幫助別人及貢獻一己之力的需要

（《健康之道》第三八八頁第二行）可是，在所有存在裡的推動力是存在的慾望。每個人的存在都有一個存在的慾望，這個慾望是朝向表達、發展和完成的推動力，那是每一個存在的基本特質，生命永遠在尋求表達、尋求發展、尋求自我價值的完成。考慮自殺的人，有些相信死後的生命，有些則否。我記得一個統計，台灣大概有百分之十八的人是無神論，沒有宗教信仰，他們相信死後沒有生命，其實還滿多的，占五分之一。

賽斯這個思想很有趣，而以最深的說法，所有的死亡多少都是自殺性的。包括意外死亡、生病死亡，在內心深處，多少都是一種自殺性的。如果想要倖存的話，肉體生命必須結束。因為在我們這個架構，靈魂的發展有賴肉體的往生，肉體一定要結束，靈魂才能繼續發展，這是在我們這個時空內的遊戲規則。

不過，有某些促進自殺活動的條件，而許多宗教和社會——雖然不是全部——曾對終止一個人自己的生命，持有極大的爭議。這裡提到的是，人有沒有資格自殺或是安樂死的問題。個人與生俱來地想與他們的同胞合作，他們有一個幫助別人，及貢獻給共同利益的需要。每個人天生有一種想要跟周遭人合作的渴望，天生想要幫助別人、貢獻一己之力，那是與生俱來的。

相反的，許多自殺的人都覺得他們不再被需要。人為什麼會自殺？覺得他的家不需要他了，婚姻不需要他了，孩子不需要他了。在心理學上來說，很多自殺的人叫做「利他性自殺」。第一、覺得別人不需要我了；第二、也許我自殺可以減輕別人的負擔。

許多自殺的人都覺得他們不再被需要，或事實上他們存在的本身妨礙了別人的幸福。像很多外遇的自殺就是：「既然你遇到比我好的人，那麼你也就不再需要我了，好吧！我去自殺，成全你們。」他們覺得自己的存在妨礙了別人的幸福。當然這是他們自己的觀點，可是在這種觀點的人，會鑽不出牛角尖，覺得自殺反而對這個世界是好事。

•找不到人生目標的人，容易掉入貧窮或生病

自殺的年輕成人不見得是來自社會最貧窮或最低的階層。事實上，貧窮往往成為一個強烈的推動力，導致此人去為他的日常所需奮鬥。這樣一個人的日子，可能如此被不要命的活動擠滿，以致根本沒時間去思量自殺的事，因為，為生命本身奮鬥是如此的緊張。很多時候自殺率最高的都不是非洲或落後國家，而是社會福利做得很好的國家，像北歐的瑞典或瑞士。那些比較貧窮落後的國家，人民的目標很明確：「我要賺錢，我要活下去。」

許多人類常常選擇貧窮作為自己生命的主要挑戰，因為當人生沒什麼其他更好的目標可以奮鬥，起碼脫貧是個很好的目標：「我想讓家人過好日子、我想買房子、買車子。」如果一個人找不到生命更升級、有意義的奮鬥目標，會掉回下一層的目標，意思是會落入貧窮的境界，好讓人生目標很明確，不再讓自己變成窮鬼。

由此可知，那些找不到人生目標的人，第一、會掉入貧窮；第二、會掉入生病，因為無法為人生找出更高的挑戰目標。尤其是很多生病的同學，目標明不明確？很明確，就是開刀治療，讓自己的病好起來，不要想太多。他們必須改變人生的戲碼，不要讓自己唯一的目標變成把病治好，而創造出這種生病的實相，這跟陷入貧窮以便脫

貧是一樣的戲碼。此時要轉移挑戰目標，去想：「我要如何選擇一個更高的挑戰目標來取代生病？」

以甲同學為例，我最近一直在設計她參與賽斯村的活動和運作，她跟我說：「工作人員好像有些地方動作比較慢。」我說：「這就是我故意的，故意叫工作人員動作慢，讓工作人員無能，為什麼？才能讓妳急，讓妳有事做。如果工作人員每件事都做得很好，什麼東西都懂，妳怎麼辦？」我要引導同學忘記自己是病人，根本沒時間去想她的病，甚至沒時間去想怎麼治病，因為她現在把目標放在一個有意義、有價值的方向，叫做乾坤大挪移。

一旦把能量、關注的方向放在另一個領域，那麼身體會自我療癒。還記得我們身心靈三大定律，第一條定律是：人本來就會健康；第二條定律是：身體本來就有偉大的自我療癒功能；第三大定律是：身體的疾病是來自心靈能量的阻塞，因為身體是心靈的一面鏡子。根據這三大定律，把能量、把挑戰的目標轉移到其他領域，神性的自己會開始幫忙自我療癒。

同學跟我說：「許醫師，每次跟你討論這些事情怎麼做，我都覺得精力充沛。可是你跟我討論病情，我反而沒有興趣。」我說就是這種感覺，一個人的能量起來後，整個方向就出來了。

我常說，如果一個人現在人生的主要方向在於生病和治病，就要趕快覺悟，乾坤大挪移，尋找另一個方向來取代這個方向，要能找到新的方向、新的計畫。我希望大家自己來折磨自己，只要找到一個方向，就不會老是掉在生病、治病這個戲碼，改玩另一個遊戲。我們這邊是個舞台，不管大家有什麼才能都能來玩，把重心轉到另一個方向，如此一來，就可以打通原來阻塞的能量。只要進入這個步驟，身體就會自我療癒。

針對恐慌症曾經發作的同學，我再三保證，從有歷史以來，從來沒有人因為恐慌症吸不到氣或心臟跳太快而真的死掉，請放心，如果有的話，會是人類古往今來第一個病例，也不枉此生，算是死得有價值了，不要害怕。

• 父母要給孩子真正的愛與關懷，不是只在乎孩子的成就和表現

再次的，價值完成、發展和目的的慾望是如此強烈，如果那些彷彿被否定了的話，生命變得——或彷彿變得——比較不珍貴了。如果我們迷失了生命主要的方向，其他的枝枝節節就出來了。在許多例子裡，是中上層階級或富裕人家的子女，碰上這

種危及生命的兩難之局。有些年輕人被他們的家庭供養得這麼過度，以致彷彿再也無法達成比他們擁有的更多。

有時候，我覺得我們這一代最幸福，正好處於台灣從比較窮到比較不窮的階段，大家的方向很明確。可是下一代不一定這麼幸運，即使父母給了他們最好的物質條件，反而不快樂，因為不知道奮鬥的目標是什麼，父母沒有引導他們朝向更高的目標。

像整個美國的自殺潮也是發生在經濟蓬勃之後，每個家庭都有漂亮的獨棟別墅、大庭院、兩輛房車，生命接下來呢？已經沒有一個值得挑戰的目標。在座同學也是一樣，如果主要的目標還是在賺錢，讓自己脫離貧窮，趕快乾坤大挪移，開始尋找其他的戲碼。要是沒有轉型，接下來可能會失去財產，重來一次，這也是整個台灣經濟的情況。一、二十年前，台灣經濟正好的時候，轉型了嗎？沒有，有錢時沒有把生命轉到有意義的追求、身心靈的追求，就會再掉回貧窮。

因此，大家現在就要同步做這件事，不要只是為經濟擔心，而是必須為人生尋找新的戲碼，以完成生命的挑戰，如此一來，經濟情況反而會因此改善，而且改善之後，不需要玩重新變窮的戲碼，讓脫貧再度成為人生方向。像很多人生病也是一樣，全部的力氣都花在休養和治病，這樣不對，要開始挪出精力、轉移，如果大部分的時間是在創造生命的價值，是在發展、價值完成，就會慢慢離開生病的狀態。

剛才提到那些家庭裡的小孩子，在青少年時期容易有生命的危險或自殺傾向，如果他們的父母過度寵愛他們，那麼年輕人可能真的覺得自己好像附屬於父母，或只是父母的所有物。這叫寵物青少年，因為爸媽是用養寵物的心態來帶小孩。在另一方面，有些中上階級的家庭，強調競爭到如此一個地步，以致孩子們彷彿覺得，他們只是因為他們的成就而被看重，而非只由於做他們自己而被愛。

我一直跟大家說，孩子會問爸媽：「你們是因為我表現好才愛我，還是因為我是你們的小孩才愛我？你們是因為我出人頭地給你們面子、讓你們光榮，還是你們真的瞭解我？」

有些中產階級的家庭和父母，過度在乎孩子的表現，讓孩子從來都不覺得被愛，這種情況常發生。如果一個孩子看起來表現得很好，一切都很優秀，一下子突然變壞了，為什麼？因為他從小就沒有得到父母真正的愛與關懷，接收到的是關心他的表現好不好，而不是關心他這個人本身。每次父母跟他聊天的話題都是繞著功課打轉，在乎成就、在乎表現，很少跟他談心裡的感覺，很少聽他說心裡的話。

這一點也希望大家去改變，去聽孩子要說什麼，而不是永遠對他說：「你這樣長大怎麼得了？可以養活自己嗎？」因為他可能根本沒有機會長大，就意外或生病死掉了。

• 每個人都要找到自己的典範，活出自我肯定、自己的價值和意義

對大多數人而言，這些情況彷彿都不特別的激烈，而顯然在世界上有遠較糟的人類幻滅的例子。然而許多這種年輕人真的看不到自己做為成人的前途。不知道前途在哪裡。他們想像不出自己做為未來父母，或有某種事業的樣子。就好像他們的整個生命加速到成人生活的邊緣——然而往更遠處他們便什麼也看不見了。這就是以前美國嬉皮運動的前身，那段時間也是美國經濟最好的時候。

我常常做很多青少年和兒童治療，他們跟我說：「我的未來是什麼？就變成像我爸媽那樣子嗎？然後每天吵架嗎？沒錯，我爸媽也許有一定的經濟基礎，可是他們過得不快樂，我不想成為他們。」

我請問各位，小時候想要成為父母那個樣子嗎？我知道很多同學不結婚，就是因為從小看到父母吵吵鬧鬧，會想：「難道我要結婚，然後跟你們一樣嗎？」有時候我

們告訴孩子應該怎麼做，但孩子心裡的感覺是：「我再怎麼好，不就是成為你們那個樣子嗎？可是成為那個樣子，我又能怎麼樣？」孩子看不到未來，因為不想成為他眼中大人的樣子。

我要講句老實話，從孩子的角度來說，他們真的很喜歡我們這些大人建構出來的成人世界嗎？喜歡我們現在大人所活的樣子嗎？請大家問自己快不快樂就知道了。孩子有時候看到我們成人活著的這個樣子，他雖然無法辯解，可是他感受得到大人的生活很辛苦，所以不希望未來跟這些成人一樣，不想進入成人的世界，這樣的年輕人看不到未來。

比如說，對一個現在有心要從政的年輕人，我不知道誰能為他們樹立典範？我們是好的成人典範嗎？我們的孩子沒有典範，到底什麼樣的成人是他們想要成為的？難怪他們一天到晚去瘋那些不切實際的影視明星，因為他在現實生活當中沒有典範，沒有偶像，只能去找那些媒體塑造出來的人當作典範。

我在跟我們的建築師討論賽斯村時，他講到他的理念是希望在賽斯村的建築裡面，做出一種人該怎麼生活的典範，因為我們現在沒有典範可以追尋。在更早之前，我們小時候還會追隨國父、蔣公的腳步，現在連機場都要改名字，沒有典範了。如果想在人生當中追求些什麼，有典範嗎？真的沒有。我們的孩子能夠以父母當典範嗎？不一定有典範，正因如此，有些孩子看不到未來才會迷失，而我們自己也沒有找到典範。

回到賽斯心法，真正的目的是要讓每個人找到自己的典範，並且成為自己人生當中的典範，活出自我肯定，活出自己的價值和意義，只要不是殺人犯法的事都可以做。一旦大人活出典範，孩子就有了追隨和成長的方向，這樣我們的孩子就有了未來。我想鼓勵大家去成爲自己的典範。

・讓自己健康快樂，能成就自己和周遭人，就踏上了生命的偉大之旅

一路上，不論對父母是否明顯，這種年輕人開始感覺生命是無意義的。如果我像父母一樣，結婚又怎麼樣，過著像父母一樣的生活嗎？唸到台大、唸到碩博士，又怎麼樣？就算當了醫生又怎麼樣？

我有個憂鬱症個案以前開英文補習班，他說：「許醫師，我開補習班曾經小成功過，現在如果再回去開，就只有兩個結果，一個是更成功，更成功又怎麼樣？另一個是大不了不成功，可是不成功，也還不是這個樣子。」所以他在家待了五年，不知道

未來要怎麼走。

我相信這樣的心境很多同學都有：「就算讓我賺到很多錢，又怎麼樣？」「今天就算我成立一家公司了，又怎麼樣？」一旦覺得又怎麼樣，這時已經開始有一種失望和灰心了。

老實說，我希望提供大家一個精神動力學，不只是在物質上的追求，而是一種心靈上的寧靜、偉大，是成爲實習神明的偉大之旅。在這邊的學習過程當中，我希望賦予同學人生的英雄旅程，這就是生命的偉大之旅，如果能夠成就自己，讓自己健康、快樂，也能夠成就周遭的人，這還不偉大嗎？

這讓我想起我真正的目標，我想把在座每個人都變成偉人，讓每個人的生命澈底發光發熱，希望每個同學去成就自己的人生，不是以別人的標準，而是去成就自己人生的偉大，我希望能跟大家一起走實習神明的人生偉大之旅。大家一到這裡，開始學這些觀念，就進入了人生的偉大之旅。簡而言之，就是一個偉人了，會有一種榮譽感，會看重自己的存在，這就是我們這個社會最缺乏的感覺。

很多人不看重自己，不看重自己的人就會做一些烏煙瘴氣的事，而看重自己的人不會輕賤生命，不會去自殺，不會得憂鬱症，會為自己的存在發揮價值和意義，會去利益自己、幫助別人。只要看重自己的存在，力量就在自己的身上，我希望大家在自己的存在裡面找到一種偉大，在平凡、沒有意義、又怎麼樣的生活當中，找到一種偉大的味道。一旦找到這種感覺，真的就踏上了實習神明的偉大之旅，開啟一個人的英雄旅程。

這種年輕人開始感覺生命是無意義的。這種人往往是極有天賦的，然而他們覺得好像那希望永遠不會綻放。在大多數例子裡，這些年輕人事實上是相當隱祕的——雖然他們展示給父母和朋友的自己可能看起來是活潑而合群的。可是他的內心對未來不抱希望，常常覺得：「那又怎麼樣？就算我結婚生小孩，又怎麼樣？就算我成功了，又怎麼樣？」甚至有些同學也會講：「就算我病好了，又怎麼樣？」說這些話的同學真的希望病好嗎？請問自己這個問題。

第52講

52-1

・攝護腺癌是因為男人進入更年期後，陰性能量展現得不夠

我來講一下攝護腺癌，目前醫學上的理論是攝護腺過度受到雄性激素所刺激。如果是轉移性的攝護腺癌，有時候治療方法是把睪丸切掉，因為睪丸是分泌雄性激素的地方，如果不切，就要打女性荷爾蒙，把女性荷爾蒙注射到身體裡面，來抑制男性荷爾蒙對攝護腺癌的刺激，否則男性荷爾蒙越刺激，癌細胞可能會長得越快。

我在《用心醫病》裡提到，一般而言，宇宙有陰和陽兩個特性，在青春期之前，男生和女生陰陽的能量比較平衡，可是多數人到了青春期後，男生會偏往男性的方向走，女生會偏往女性的方向走，那是因為青春期過後，男生以男性荷爾蒙為主，而女生則是以女性荷爾蒙為主。

比如說，女生的身上有沒有男性荷爾蒙？有，我是男生，我身上有沒有女性荷爾蒙？有。基本上，我們還是在一種陰陽的平衡，只不過到了成年期，為了繁衍後代，

所以女生會比較偏陰性的方向去發展，以女性荷爾蒙作為生物上的代表，男生則比較偏陽剛，以男性荷爾蒙為顯現。

我們本來是陰陽大概各一半，到了青春期分開，可是到了更年期又要匯合在一起。所謂的更年期是要重新建立陰陽的平衡，從這個理論來講，到更年期還補充女性荷爾蒙並不正確，這麼做妨礙了陰陽重新取得和諧。可是陰和陽要重新取得和諧，會不會有一陣子不舒服？會，這就是更年期症狀，因為陰性能量在消退，陽性能量在上升，那段時間就像海潮在退一樣，如果硬要補充女性荷爾蒙，對大自然的天理反而是不自然的。

男生也是一樣，我以前常打一個比喻，男生當爸爸時可能很嚴肅，到了當爺爺時會變得比較慈祥，女人在成年期常常嬌滴滴，可是到了當婆婆會比較像男人婆，因為那是陰和陽要重新取得平衡。而攝護腺癌就是男人進入更年期以後，陰性能量不夠。

我今天在跟一位男同學說：「你陰的部分不夠，陽的部分太多。陽的部分就是很少跟孩子講你的情感，很少跟孩子表達愛，陰柔的心事說得不夠多，細膩的自己展現得不夠。很多時候，要把外在男人的面子、尊嚴、地位，稍微放淡一點，不要那麼大男人，要從陽剛、易怒、容易跟人家起衝突的個性，轉變成比較類似母愛的特質，讓陰柔、情感、創造力、包容、接納、傾聽的部分出來，慢慢降低過去男性主導的、果決的、強勢的、做決定的、身分的、地位的、邏輯的、理性的能量。」

不要等到更年期，現在就要開始讓陰陽的能量慢慢平衡，如果現在開始調整，那麼女同學到更年期時不會有症狀。男同學也是，還沒有到更年期，還沒有退休，就要開始練葵花寶典，但不是引刀自宮，也不是拿繡花針繡花，而是讓內在像母愛的柔性特質，傾聽、包容、接納、創造、表達感情和愛的部分出來，讓孩子知道爸爸有多愛他。

今天有位同學是女兒帶他來，女兒跟爸爸說：「你很愛我們小孩，但是你都沒有講啊！」其實很多時候，爸爸的愛會說：「你吃飽了沒有？書讀完了沒有？工作做得怎麼樣？」多數的爸爸很少直接說：「孩子，爸爸好愛你唷！你去上海工作兩個月，爸爸兩個月沒有看到你，好想你唷！」要開始像練了葵花寶典的東方不敗一樣，讓陰柔的特性出來，一旦慢慢做這樣的轉變，到了更年期，不會有攝護腺肥大的問題，也不會有攝護腺癌。

我要再三叮嚀大家，陰陽平衡現在就要做。除此之外，少量多餐、分段睡眠也要照做，這以後就是我們賽斯村的作息，就像回到幼稚園，早上十點吃點心，下午三點吃點心，晚上十點吃點心。這種作息對免疫系統、疾病的自我療癒和精神狀況，都有很大的幫助，大家也可以透過這種方式來幫助年老的父母。

• 把所有過去的經驗當成參考，隨時可以重新創造實相

我先舉個有趣的新聞，最近有個女太空人從亞特蘭提斯號回來，上台發表這趟太空旅程的感想，結果暈倒兩次，為什麼？因為她還沒適應地球的地心引力。人只要在太空無重力的狀態活動一、兩個星期，骨質會疏鬆掉，血液也會減少百分十到十五，就像去捐一次血的感覺。

我講這個故事的意思是，在預防骨質疏鬆或很多層面上，還是要多做與重力有關的運動，很多疾病不是鈣質吃得不夠，而是吸收得不夠，為什麼會吸收得不夠？因為大多數的人年紀越大，越覺得自己不重要，我們之前也說過，很多人年紀大身體會退化，都是用得太少，如果又覺得自己不夠重要，就會加速退化。其實生命的能量並不會隨著我們年紀變大而減少，所以年紀越大，越要覺得自己有用。

再舉例來說，一個人從小到老，是年紀越輕還是年紀越大，越容易接受別人的意見？年紀越輕。很多人年紀越大，是不是營養吸收比較不好？當一個人在頭腦層面、

心理層面，對別人說的東西越不容易傾聽和接受，也代表了在身體上對外來的營養越不容易接受。人可以有主見，但不要主觀，過於主觀會排斥別人的話，表示這個人營養越不容易吸收。

那些年紀越大越不容易吸收營養的人，補充再多營養素都沒有用，不能吸收鈣質，也不能吸收維他命。如果年紀大還可以吸收很多的營養，就要訓練心理和頭腦，經常讓自己像個空杯子，吸收別人的經驗與智慧。可是一般人常常年紀越大，杯子越滿，很少歸零。

我講過，人可能因為種種過去的經驗而自我設限。例如我鼓勵某位女同學再去交個男朋友，她說：「我才不要！我談過十次戀愛，沒有一個男人是好東西。」人常常會用過去的經驗侷限了未來的人生，導致人生越活越窄，越活越單調。對小孩子而言，沒有很多過去的經驗，對這個世界充滿好奇，什麼都會去嘗試做做看。可是人年紀越大越不敢嘗試，越走不出去，越聽不進去別人說的話，越不容易去跟隨內心的衝動，心裡想的是：「哎呀！過去的經驗告訴我這是不可能的啦！」

有時候，我們在這個世界越活年紀越大，請問真的是累積了智慧還是累積了限制？真的是累積了很多經驗還是很多陰影？比如說，一個人從出生到現在都不快樂，他理所當然覺得未來也不會快樂，這是真的嗎？如果我講得稍微誇張一點，我們過去所有的經驗就是兩個字：狗屎。過去的經驗不代表什麼，只代表可能性之一，如果不把自己過去的經驗當作狗屎，就會被侷限住，把它變成了制約，覺得：「以前我這樣做都失敗，不可能啦！」

一個小孩子走出家門，看到每個陌生人都感到好奇，可是一個老人走出家門，看每個人好像都要傷害他，都要占他的便宜，心態不一樣。如何越活心態越年輕？如何越活越感覺不受到過去經驗的侷限？如何把過去轉成智慧而不是限制？

我希望各位做一個內心的功夫，把所有過去的經驗當成參考，隨時可以重新創造實相。人會痛苦是因為不斷執著在過去的負面信念、負面經驗。比如說，一個太太跟先生溝通，心裡想：「我以前溝通過一百次都沒有用，算了，以後不要溝通了。」這是不是一種侷限？是，因為沒找到對的溝通方式。

• 只要常常找回赤子之心，每天的生活都可以充滿了新鮮

每個人過去都有生命經驗，但那些都算不得準，我也是後來接觸賽斯思想，才發現原來人真的是不受限的，不受過去種種經驗的限制。在我腦袋裡常常有一個觀念：

「我過去這樣做，結果這樣發生，未來同樣再這樣做，不一定也會這樣發生。我過去失敗了一萬遍，我現在再做一次，不見得會再失敗。」這叫測不準原理。

可是很多老人家年紀越大，越活越固執，生活越空虛無聊、不快樂，因為他們用所有的經驗來取代當下，會說：「這件事我也知道了啦！這個我也做過啦！這個做了沒有用啦！人反正就是這樣子啦！」請大家真的要常常在心理上面下功夫，意思是要歸零，過去種種的生命經驗，不管是愛情的經驗、人際互動的經驗、做人做事的經驗，都不代表未來的經驗，真的可以用全新的心態再出發，全新的信念去建造。如果太活在過去的經驗當中，最後會失去生命的活力，找不到當下的威力之點。

我希望所有的同學可以在每天的生活當中，常常找回赤子之心。赤子之心就是好奇、探索、創造，而不是用過去種種人生的經驗來自我侷限，必須把一切拿掉，用全新的心情看這個世界，彷彿今天是出生的第一天，看每件事都好可愛、好新奇，看每個人都有新鮮的感覺。不是每天醒過來，想說：「糟了，我要過同樣的日子。」「糟了，我要做同樣的事，要跟同樣的人打交道。」每天醒過來都是在日復一日。其實每天都可以創造新鮮的把戲，親子互動也是一樣。人生就是去創造，去改變心態，也許小孩、父母在我們眼中已經定型了，可是真的定型了嗎？沒有，都可以改變。

不要用一個觀念把一個經驗定型了，每件事都可以千變萬化，每天的生活都可以充滿了新鮮，我希望大家能以這樣的心情來看人生，就會覺得人生真的很有意思，充滿了創造的喜悅。如果以不同的心態看同一件事，那件事又會變，以不同的心態看同一個人，那個人也會變。

有時候同學跟我說：「許醫師，你變囉！」我心裡在想：「是你變了，你以前沒看到我那個樣子而已。」一旦變了，就看到這個世界不同的樣子，而不是過去一直看到的老樣子或死樣子。我們常常也是以同一套觀點看自己，結果每天醒過來都是一個沒什麼搞頭的自己，討厭自己，沒有容許自己產生一種變化，沒有容許自己以不一樣的角色來看自己，沒有去扮演不同的自己。其實人可以扮演各種不同的角色，每個人、每件事都有很多的可能性，可以這樣，也可以那樣，可以演變，可以延伸，可以創造，沒有一樣東西是固定不變。

52-2

・沒有一個人是為了自殺而被打入地獄

（《健康之道》第三八九頁倒數第三行）不過，這一類年輕人能幫助他們自己，而且能被別人幫助。賽斯要說清楚，他要澄清大家的觀念，沒有一個人是為了自殺而「被打入地獄」的。也從來沒有一個人因為自殺死亡而受到特定的「懲罰」，雖然過去的宗教都是這樣告訴大家。

像今天有個個案，我問他有沒有自殺的念頭，他說有。我問他會不會做，他說不會，因為他看過靈異節目，說跳樓的人會一直重複跳樓，已經自殺了，可是靈體還是每天在跳，就變成高空彈跳。他還說跳樓死掉的人，要在枉死城待很久，會變成每一世都以自殺收場，也就是如果這一世自殺，以後每一世都會自殺。我沒有特別否定他，至少他因為這樣暫時不去自殺也不錯。

但是在這裡要跟大家講真正的理由，自殺往生的人，不但不會受到特別的懲罰或下地獄，相反的，他們會得到特別的協助、關愛，這才符合宇宙的原則。他就是走投無路，內心非常痛苦、絕望才自殺，所以自殺後會得到更多的輔導、關心及愛。但是請不要為了這個理由而去自殺，沒有必要。

賽斯要讓各位心安，從來沒有一個人類因為自殺而得到特定的懲罰，如果有的話，那叫自我懲罰。幾乎所有自殺死掉的人，第一件事就是後悔：「我為什麼那麼傻？」

• 想自殺的人通常會對一位朋友或親人提及此事，此時該誠實地檢驗

可能自殺的人，不管再怎麼保密，縱使很隱祕，通常會對一位朋友、親人，或親密的家人提及此事。如果有人透露這個念頭時，不該被忽略或譴責，卻該誠實地檢驗，可以直接問他說：「你為什麼想自殺？可以告訴我嗎？」不批判、不責備，也不要特別裝作沒聽到。

有時候我們在問青少年會不會有絕望的念頭？想自殺的念頭？父母在旁邊就會嚇得半死，他們說：「萬一他本來沒想到，你這樣一問他，他就想到了，然後真的去做，怎麼辦？不是越提越糟糕嗎？」這叫做鴕鳥心態，難道不提他就不會想嗎？事實是他會因為旁人開口問而鬆了一口氣。

我常看到有些長輩很可憐，其實自己心裡知道時間到了，把老伴和孩子叫過來說：「我覺得在世上的時間不多了，想跟你們說說話，做點處理。」結果另一半會說：「你不要想太多，不要說死這個字，不要交代，你交代我們也不聽。」一個人快要離開人世，卻沒有人可以談這件事，會有多孤單！

想想看，假設我的靈魂準備好再隔幾週或幾天後，就要走了，我想跟在世所有的親友說這件事，可是竟然沒有人要跟我談，我要講的不只是密碼、戶頭多少錢、保險櫃、遺書，而是想跟他們說說話。多數人一拋出這個訊息，會被亂棒打昏，其他人會說：「你不准說這種話，我們愛你，你要好好活下去。」要活到一萬歲嗎？愛他當然沒錯，安慰他也是對的，可是要認清現況，有時候如果他是出於一種憂鬱、傷心、難過，這種作法沒關係，但如果那是出於他已經意識到自己準備要離開，他人性的自己意識到在人間的日子快要到終點，準備要轉移到另一個層面，竟然沒有一個家人和朋友可以討論這個重大的決定。

我們常常讓摯愛的家人孤單地走，因為沒有人要跟他討論這件事，沒有人要跟他談他的心情，沒有人要跟他講他的感受，我們就是不斷忽略，不然就是哭著說：「爸爸你不准走，我們愛你，你不要再說死這個字。」然後把他的話堵回去。但我的意思也不是每次都說：「好啊！你什麼時候要走？」不是每次都欣然同意，大家要看情況。

一個打算要走的人，真的需要有人能好好跟他討論。自殺也是一樣，如果有人提起這件事，實事求是跟他討論，就像討論一般的議題一樣：「什麼時候開始有這個想法？」如果是一個兒童要跟父母討論：「爸爸，我最近怎麼突然有一種想要自殺的念頭？」爸爸可能會一巴掌打過去：「你這小孩子，你知道媽媽十月懷胎多辛苦嗎？你知道爸爸每天上班多辛苦嗎？賺錢養你，讓你受教育，現在才小學四年級，竟然跟爸爸說你有想自殺的念頭！」

爸爸說的很對，可是這樣對孩子有沒有幫助？沒有。應該要把孩子當個成人一樣，坐下來說：「小明，要不要說說你的感覺？要不要來跟爸爸講一下，怎麼會有這個念頭？」孩子說：「沒有啦！爸爸，我昨天偷你一百塊，怕被你發現。」搞不好就是小事一件，也或許這個小孩真的有兒童憂鬱症。

我們的社會最近幾年很特殊，開始有兒童自殺的案例，我記得我年輕時沒聽過什麼兒童自殺，可是這一、兩年真的有，小學生上吊的好幾個案例。家屬還在否認：「沒有啦！他沒有要自殺，一定是玩過火了。」真的嗎？不可能。每個想自殺的人，一定會跟家人、朋友討論。這時不需要擔心害怕，就是當下直接面對，誠實地檢驗。

• 胰臟癌患者的配偶多半極為強勢

自殺衝動部分的神話的確是其隱祕的面向——所以，那感受的表達本身就是有益的，並導致較好的溝通。任何感受都應該表達，包括生病的人可以跟孩子說：「孩子，媽媽真的很想放棄治療，我不想打化療、不想開刀了，不想接受任何積極的治療。」孩子的第一個反應常常是什麼？開始安慰她，半強迫她，要她愛她自己，如果不願意，孩子還會語帶威脅。

我不會說孩子這樣對還是不對，而是要好好跟父母或家人討論，當事人為什麼會這樣想？「媽媽，可不可以告訴我，為什麼不想接受治療？為什麼妳覺得想放棄這個過程？」應該導入一種更深入的溝通及了解，而不是一味地要對方做治療或不做治療。

我們另一個同學很誇張，兩個月前得到末期胰臟癌，反而是先生不准她去接受中醫和西醫治療，理由是所有他認識的人，去做西醫治療都活不久。准不准是另外一回事，背後的理由是什麼？背後的溝通是什麼？背後的決策過程是什麼？

後來我在幾個胰臟癌同學的案例上，找到很特殊的部分，都是夫妻互動不均等，我發現在家裡太太幾乎沒有發言的地位，很多東西都要以先生的意見為主，二十年的婚姻下來，她沒有主見，也不能有主見，一切都被壓住了。

我以為這是女性的胰臟癌才有的特殊現象，於是又去問台南一位男性個案。我說：「許醫師有了一些臨床上的發現，想跟你印證一下。我最近幾個胰臟癌同學的特色都是在跟先生的互動不均等，強弱過於懸殊，通常是先生很強勢，太太在家幾乎沒有表達意見的權利，即使表達了意見也沒有被聽見，既不能伸張，也不能拒絕，我不知道這是不是特例。你也得到胰臟癌，請告訴我，在家裡你跟太太誰比較強勢？」

那個先生就說，太太比較強勢。強勢到什麼地步大家知道嗎？先生在公司是老菸槍，菸一包一包抽，他做得到婚姻生活將近二十年，在家完全不抽菸，太太聞不到菸味，雖然知道先生抽菸，以為只是一個月抽一、兩根。這件事不是說他隱祕的功夫很強，而是說在家不敢讓太太和岳母知道他是老菸槍，做到這個地步，表示心裡面對太太很恐懼。

他生病之後，那個恐懼依然在，太太還是很強勢，逼他聽許醫師的CD、看許醫師的書，還逼他來參加許醫師的課。其實那時候先生心裡還沒有準備好要接受，他是對太太的強勢反感，不是對我的東西排斥。但因為對太太反感，反而不接受。

後來我跟太太說：「妳不要強迫先生，給他機會，讓他自動自發再說，不要強迫他聽許醫師的CD，不要強迫他看書，不要強迫他參加讀書會。」太太一改變，先生反而什麼都接受了，他現在聽得比誰都勤快。

我原來以為這些胰臟癌同學只是個案，結果不是，他們過得很苦，在親密關係裡不對等，永遠怕惹太太生氣。這樣的人都很愛好和平，不想起衝突，不想有爭執，所以總是先讓步，結果太太說：「我如果真的那麼強勢，請告訴我，我不是不能調整。你總是用你的主觀來看我，覺得我很強勢，難道我的強勢是我願意的嗎？還不是因為你的弱勢讓我變強勢的？還不是因為你不做主讓我必須做主？你也用你的信念把我創造成強勢的女人，我聽到許醫師說了，從今天起，我要弱，讓你當強人，不再讓你投射。」

• 一個人主觀的認知越多，生命越局限

有時候我們常用自己的主觀跟人家互動，還沒開口，就想說對方會拒絕，我告訴

大家，都不要用想的，寧願去說，然後再讓他拒絕。比如說，太太約先生去看電影，一次被拒絕，兩次被拒絕，三次被拒絕，第四次就覺得一輩子都會被拒絕。

很多時候我們都是活在「想當然爾」，可是這種「想當然爾」會侷限生命有多深？我們常常被我們的主觀侷限了，在感情裡面也是一樣，有時候要一千零一次求婚，烈女怕纏夫。但是我們也不是鼓勵大家這樣做，好像也不見得會幸福，不過我要告訴大家，有時候我們真的活在我們主觀的認定。求職也是，跟別人溝通也是，表達意見也是，表達一次、兩次、三次、四次，一輩子就不說了，因為知道說出來會被拒絕、被排斥，可是真的嗎？不一定。

所以我們有一個定律，過去的經驗絕對不代表未來的經驗，過去縱使發生了一萬次，第一萬零一次一定跟前面一萬次一樣嗎？不一定，這叫測不準原理。我告訴大家，不要把人想死了，人都有彈性，一次、兩次、三次、四次、五次、六次，去試一百次都沒關係，第一百零一次說不定就成功。

可是我還是要說，我們真的經常活在自己主觀的認知，以為：「反正我提意見，他也不會點我啦！反正我提意見也會被反駁啦！」其實大不了手舉著不要放，人皆有側隱之心，說不定等一下就被點到了。

一個人一輩子越活，主觀的認知越多，生命越侷限。像小孩子也是一樣，小孩子為什麼會被我們教壞？一次、兩次、三次，我們就說：「你永遠就是這個樣子，不會改變了。」永遠根本還沒到，就說已經永遠了。或是有的太太說：「我的老公永遠不會改變。」永遠了嗎？根本還沒啊！

有時候人最大的限制是自己的主觀，像婆媳也是，婆婆真的不能改變嗎？不一定，是媳婦沒找對方法。沒有什麼人或什麼事是不能改變的，因為宇宙中唯一不變的就是變，可是我們腦袋裡面永遠主觀設定「不可能」。

像一個肺癌的同學也是，得到肺癌不敢跟媽媽講，認為媽媽一定覺得很失望，這個孩子以後不能再賺錢給她了，他一輩子都主觀認為媽媽是愛他的錢，不是愛他的人。我跟他說：「你去跟媽媽講。」後來講了，媽媽痛哭，真的很傷心難過，告訴他：「媽媽以前比較少在乎你，是因為其他的兄弟姊妹比較窮，所以你給媽媽很多錢，媽媽都拿去給他們，讓你覺得好像媽媽比較在乎你的錢，其實不是，媽媽是因為看你比較好，所以比較沒有關心你。」

人的想法真的限定了自己，而且大家也經常用對自己的想法來限定自己，把自己綑綁。像我們有位同學也是一樣，他說以前看到那種總裁、金融鉅子，頭就會低低的，不知道怎麼開口，現在覺得哪有什麼？哪裡輸他了？昂首闊步去跟對方自我介紹，跟他講一下自己學到的東西，所以人都是自我設限。

各位實習神明，不要看輕自己的身分、地位，我對同學很有信心，大家到全世界各地去都是最棒的。我常講，在我們這邊上課一段時間，至少擁有一個博士學位。有個甲同學接觸賽斯心法三個月，到高雄去跟一家企業講賽斯觀念如何運用在企業，結果跟一個劍橋的博士講賽斯，講到對方還開了兩小時的車追到甲同學家去，追到讀書會去，兩人談了四、五個小時，終於被甲同學折服，讓甲同學信心大增，學了三個月，已經能夠讓一個劍橋大學博士點頭，認同這樣的理念，真的是很棒，請拿出自己的信心。

‧自殺者經常缺乏與別人溝通、誤解他人的動機、無法表達自己的需要

的確，自殺者部分的兩難可能是被與別人缺乏溝通、對朋友或家人動機的一個誤解，及表達自己的需要和願望的困難所引起的。賽斯講的三大重點，每個人學了都可以應用，光是把這一段弄通，就比一流的精神科醫師更厲害。

第一個重點是缺乏與別人溝通。如果面對一個有自殺想法的人，要問他：「跟別

人溝通夠不夠？是不是經常自閉？」老實說，我常跟很多想要自殺的個案說：「我們中心有很棒、很有愛心的志工，你人來他們就會幫助你。」我把我的個案往中心送，因為來這邊就是來跟大家溝通，建立了情感的連結後，就會阻止他自殺。

第二個重點是對朋友和家人動機的誤解，其實朋友和家人都很愛他，想幫助他，可是他覺得別人不愛他，覺得無路可走，覺得自己是人家的負擔，對朋友和家人誤解了。因此，如果要輔導一個想要自殺的人，先澄清他跟家人的互動，跟家人之間有沒有誤會？然後幫助他。

第三個重點是表達自己的需要和願望的困難，其實他只要開個小口，讓別人助他一臂之力。我常跟想要自殺的個案說：「誰沒有困難？」像我有個個案今天來看我門診，他說每次我問他很多問題，他講完就覺得很難過，回去更難過。我說為什麼？他說：「每次許醫師問我，我跟許醫師講很多我的痛苦，講完後更難過，因為覺得自己怎麼那麼差勁不如人？為什麼還需要別人的協助？」

我跟他說：「你跟我講你的很多困難、壓力，怎麼會讓你覺得更不如人？讓你覺得是在求助而更難堪？人是互相的，今天你需要我的協助，萬一有一天我需要你協助我怎麼辦？你這樣說，就表示我一輩子不可能跟你求助囉！表示我一輩子不能跟別人求助，不能讓別人知道我的缺點，不是這樣吧！」人把自己搞死啊！

我一直在講開口得助，比如說，可以到基金會來找志工談、找輔導老師談。一般人有個很錯誤的觀念，好像找人談就是要對方提供意見、方法，其實不是這樣。找人談是指有一個人願意聽我說、有技巧的誘導我說出來，讓我邊說邊整理，等我說完了，說不定對方根本還沒有聽懂，還沒有回答我，我心裡就舒坦多了，覺得沒那麼痛苦了，突然知道自己該怎麼辦了，這才叫做真正的心理治療。

很多時候我們去問人家問題，以為是要請對方提供方法，這叫有所求，有所求會無所得，無所求才會得到最多。我們只是去找人家說一說，有時候說著說著，突然握著對方的手說：「剛才好悶喔！一直都想死，可是藉由跟你說，突然明白我要怎麼辦，覺得舒服多了，實在沒有必要死了。」這才叫做所謂的心靈對話。我知道很多同學不敢說、不想說，但是就要學會說。

52-3

‧常常思量自殺的人，的確該跟一個知己談談這個問題

（《健康之道》第三九〇頁倒數第三行）如果你是個常常思量自殺的人，你的確該跟一個知己談談你的問題。我再重申一遍，有些人最常說：「我跟他談，他又幫不了我，為什麼要跟他談？」「我的問題是負債兩億，他能幫我嗎？既然不能幫我，我跟他談，又加重他的負擔，那麼我也不願意。」「我跟他談，他不能幫我解決，又讓他知道我有這個問題，我不想讓別人知道我有這個問題。」

我一直講，把問題跟別人談有幾個好處：第一、藉由跟別人談的過程當中，自己會澄清問題。我常常遇到這樣的例子，比如說，某個人跟我講完話了，那時候搞不好我根本昏昏欲睡也沒聽清楚，他講完後說：「許醫師，謝謝你，我終於知道怎麼辦了。」我還很好奇問他說：「我都不知道你要怎麼辦，怎麼你突然知道要怎麼辦了？」他在跟我說的過程當中，自己不斷澄清，也許直接收到了內在神性的自己給他

的答案。

第二、一旦說出問題，而別人提供回饋時，可能是站在一個跟我們不一樣的立場，他的立場或許可以提供不一樣的角度，而就是因為跟我們的角度不一樣才有用。所以有時候尤其是那種看起來呆呆笨笨的人，說出來的話根本不經大腦，才會讓我們覺得：「為什麼以前我沒有從他那個角度這樣想？」因此，不見得要找智慧比較高、經驗比較豐富的人談話。

像我自己有時候會跟很多人談我的問題，對方隨口一句話，我會覺得：「這樣想也很好。」於是得到了解決問題的答案。有些人就覺得很奇怪：「許醫師，你不是專業的精神科醫師嗎？你不是一代宗師嗎？怎麼還會跟別人談你的問題？連你都解決不了的問題，別人能幫你嗎？」我說：「不對，你又錯了，他是不能幫我，可是有時候他的回答、想法，反而讓我有不一樣的心境。」

假設我跟乙同學說：「哎呀！丙同學講話怎麼都很不客氣？」他回答我：「許醫師，他對你已經太客氣了，上次他還罵我是豬呢！」我一聽突然舒服多了。原來我以為他對我這麼不客氣，但其實已經是他對這個世界所有人當中最客氣的了。請問當我這樣跟乙同學說，他這樣回答我，問題解決了嗎？沒有。但我有沒有覺得舒服多了？有。

• 遭遇問題時找人談一談，可以藉機好好整理自己的思緒

像有時候我們叫一個人不要跟別人計較，會跟他說：「你又不是不知道他就是頭殼壞掉。」舉例來說，我今天在輔導一個小男孩，姑姑帶他來看我，這個小男孩動作很慢，常常被爸爸罵：「你怎麼那麼笨？動作這麼慢，將來怎麼上學？在這個社會上怎麼比得上別人？真是沒救了。」他說腦海裡常常浮現這些爸爸從小到大罵他的話。

我就跟他說：「第一、爸爸絕對是愛你的；第二、請問你爸爸是聖人嗎？你爸爸是上帝嗎？」小朋友說不是，我說：「既然你爸爸不是聖人，請問他會不會說錯話？會。爸爸是好人，永遠愛你，為你好，可是當爸爸說你很笨、說你沒救，那時候是爸爸說錯話了，你要知道爸爸又在耍幼稚了，其實你很棒。如果你覺得爸爸跟你說的每句話都是對的，照單全收，那你這輩子就完蛋了。以後你爸爸說這些負面的話，聽聽就算了，大人也有幼稚的地方，你該做的還是自己做。」小朋友這樣一聽，可以接受爸爸的愛，又可以知道爸爸說出負面的話時，是在耍幼稚，就不會因此而受傷。

對很多小孩子來講，了解父母說的話不一定都是對的，這是成長的開始。就像

我常常比喻，大部分同學應該覺得自己比父母更有能力、懂更多事，甚至有時候比父母更聰明，更知道如何處理一些事情，同意嗎？是的，同理可證，孩子將來百分之九十九．九應該比你們更有能力、更聰明、更能解決事情。

我不知道這是不是因為大人的自卑心態，故意把孩子貶低，可是在我們的父母眼中，我們真的比他們有能力嗎？父母通常不承認，就像我們不承認我們的小孩子一樣，可是請認命啊！我的意思是說，我們自己的心態要改變，要帶著一種孩子比我們聰明，將來比我們有能力，更能適應這個社會的信念來跟他們互動。越帶著這個信念跟他們互動，他們就會更有能力、更聰明、更能適應將來的社會。

如果遭遇很多的問題，真的需要找人談一談。像我在當精神科醫師、住院醫師的期間，也有自己的督導醫師，什麼事都會跟他說，因為我完全信任他不會出賣我，賽斯為什麼講知己，因為知己是愛我們的。如果沒有知己，可以找專業的人，專業的人至少有一個好處，不會洩密，不會讓我們更受傷。能夠對著某個人好好說話，不要有壓抑的表達，知道他就是會傾聽、接納，不會批判，這種感覺很舒服，可以藉機好好整理自己。

・有時候我們一些彷彿無害的小評論，能讓別人看到新的可能性

在你這方面，這溝通將有助於澄清事情到一個程度。這樣一個人是在考慮一個不可逆轉的步驟——顯然不該輕率採取的一個。人死不能復生，我講過，所有自殺成功的人第一個反應是後悔：「糟糕，我怎麼成功了？我為什麼這麼輕率的自殺？」

這種人往往是在一種非常沮喪的心態裡。雖然在座同學不是每個人都這樣，可是也許長期處在一種非常沮喪的心態，甚至是負面的心態。以致他們已不再思考繼續活下去的理由，而只提醒自己死亡的可得。已經不再常常強調自己應該繼續活下去，而是告訴自己，只要跳下去就解決了。

像我有個個案每次走到頂樓，就常常想：「只要再往前一步，所有的痛苦就解決了，就不用傷那麼多腦筋了。」可是往後一步也可以啊！有時候往前一步不一定更好，退一步海闊天空，不只是腳步往後退，心情也往後退，這世界沒有什麼大不了的事，我常跟很多同學講：「拜託，世界末日還沒到，到了我會通知你。」

休學、不念書，不是世界末日，生意倒了、欠兩千萬，不是世界末日，老婆跑了、老公有外遇，不是世界末日。不要活得好像一付世界末日的樣子，不要這麼搞笑。我覺得大家很有演戲天分，我真的受不了，我們是來人間出差、旅遊、學習、考

察、玩耍，放心好了，沒有什麼是世界末日。

我講過，以前念小學、國中時，一次期末考沒有參加，好像世界末日，現在回想起來，沒參加就沒參加，有什麼大不了。以前如果休學一年，或幾天沒去上課，好像世界末日，可是現在覺得一、兩年算什麼？要在瞬間把心打開，告訴自己：「哎呀！不是世界末日啦！沒什麼大不了的。」有時候我們真的是把事情看得太嚴肅、太嚴重，把自己逼死。

如果一個經常沮喪、思量自殺的人，去跟一個知己談談問題，其他人往往能做些彷彿無害的小評論。不見得需要自殺防治專家才能幫忙，有時候就像我們這邊的心靈輔導師或實習心靈輔導師，還有很棒的心靈輔導員，憑著直覺和愛心，提供一個彷彿無害的小評論：「你有這種小孩就要去自殺，如果你有我的小孩，不是早就上吊十幾次了？人比人氣死人。」就能突然打開心理失常者的心智，令他看到新的可能性。

柳暗花明又一村，在一片黑暗中看到一絲光明。像很多同學家裡氛圍也許不是很好，我就跟他說：「你來中心，把這裡當作家，如果這裡沒有家的溫暖，你來經營，就這麼簡單。」可能他一聽，又找到一個希望了，他本來是一個獨居的人，很可憐，來這裡把它當作自己的家，難道工作人員會說不可以嗎？但也不是要他每天都睡在這裡，而是這時候他的心念突然打開了，不再鑽牛角尖。

• 每個問題都有解答，但死亡並非解答，而是這一輩子的結束

因為自己整個精神、身體、情緒，及心靈的部分永遠被刺激去尋求更進一步的成長、發展與滿足。人不管再怎麼原地打轉、鑽牛角尖，其實我們的身心靈是準備好要繼續成長的，所以不可能困在痛苦太久。

那麼心智十分可能把握甚至最微小的事件，那至少會暫時自發地免除此人的沮喪，甚或絕望。心智會抓住最微渺的事件，一句話、一個畫面、兩隻在打架的甲蟲，或是我在上課講的笑話，可能聽了哈哈一笑，馬上解千愁，所有的陰霾都煙消雲散。因為人的心智就是有這種能力，正在鑽牛角尖鑽到痛苦得受不了時，一個笑話馬上打開心智，暫時自發地免除沮喪或絕望，但前提是要容許自己這樣走。

如果你是在這樣的一個狀況，一定要提醒自己，任何問題的得以解決，是遠較自然和可能的，而每個問題都有個解答。死亡並非解答。以一個非常基本的方式，死亡是個結束。死亡是這一輩子的結束，這句話每個人都要背起來。我常說，所有的問題都可以解決，如果沒辦法解決，過了一百年，這個問題也不存在了。

賽斯講，任何問題得以解決是比不能解決更自然而且可能的，人邁向成長是比邁向痛苦更自然，得到疾病生病了，好起來比沒好更容易，如果沮喪了，那麼脫離沮喪也是很容易的，就像身體隨時隨地可以自我療癒一樣。這個東西要成為大家的核心信念，任何問題都有一個解答的契機，而且問題的解決是自然且容易的。

不論你可能覺得多沮喪，你的確仍想活下去，不然到現在你會已經死了。就像在座很多得癌症的同學一樣，沒錯，生病了，可是為什麼到現在還活著？為什麼出現在這裡？因為的確仍想活下去，不然早就死了。要承認自己的確仍然想活下去，也的確承認活下去的生活絕對會更好。就像我常講，只要開始學身心靈的觀念、賽斯思想，人生一定會更好，如果沒有更好，那就是更糟，就算是更糟，都比以前還要好，就是不管怎麼樣，都會越來越好。

生命也的確會藉由開始瞭解這些觀念和思想而不同，每個人都會不同。在座的每個人都是最棒的人、最有力量的人，絕對要用不同的角度來思考自己。像剛剛有位健保局的同學說：「許醫師，《賽斯讓你成為命運的創造者》這本書真的很棒，我要開始到健保局裡面帶讀書會。雖然《絕處逢生》我還沒看，可是健保局已經要送這本書了。」我就跟他說：「健保局那一塊交給你了。」

每個人都可以發揮力量，所以你們家的小孩子就交給你了，當然交給你，不然要交給我嗎？你們家的先生、太太、家人就交給你了，你們的社區、學校就交給你了，就靠你了，要把自己這樣的信心建立起來。

52-4

・若要輔導意圖自殺的人，請他暫且延遲做任何決定是個好主意

（《健康之道》第三九一頁第七行）所以你有個尋求生命和活力的部分，而那個部分也該被表達。暫且延遲做任何決定是個好主意。輔導任何自殺的人，跟他講：「不要急著做決定，不要立刻做決定，只要延遲，以拖待變，事情拖下去，總會有變化。」有時候我們真的要堅持。

無論如何，如果你真的選擇自殺，你總是可以殺死你自己的。可是，如果你自殺了，你這生的選擇就完了。賽斯不是說這一生完了，是這一生的選擇就完了，因為不可能以肉身的方式，以同一個肉身再回來，而是要換一個肉身，從童年開始。

要輔導一個自殺的人，就跟他講：「對啊，你隨時都可以跳樓，為什麼急於一時？反正高樓在那邊，木炭在那邊，繩子在那邊，都很容易拿到，一定要急著在今天嗎？好像沒那麼急嘛，難道你明天就殺不死自己嗎？不會吧！不然就過完國慶日再

說，要不然就等過完耶誕節，再不然先等許醫師把《健康之道》上完，到時候你真的要自殺我也不反對。既然都要走了，CD聽完好不好？聽完了這一套，下一套聽了嗎？如果CD都聽完了，書開始看沒有？看到第幾本了？如果全都看完了，還有新書啊，等新書出了看完再死還來得及。如果我的書都看完了，賽斯的書開始看了沒有？要是看不懂，更不用急呀！你自殺就沒有時間、沒有機會看了，看得懂再自殺嘛！」

看得懂就不會自殺了，是吧！這樣大家會不會拖？死皮賴臉的拖，不要臉的拖，死命的拖。像我覺得我在做心理治療，用了一個所有專家都沒有的技巧，就是不要臉，連這種不要臉的話都講得出來，個案就更有希望了。

告訴你自己，直到你的生日，或假日後你才會做決定，或你將延後任何決定一個月甚或一星期——你覺得舒服的無論多少時間。像我常跟個案講：「要不然等治療結束再說，現在還在治療期間，不要想這個主意，太不給我面子了，不要等你自殺，我就把你殺了。」

等生日再說，過完年再說，中秋節吃完月餅再說，吃完最後一次月餅，今年有新口味喔！聽說最近高雄有一家飯店推出一種新式月餅是竹炭龜苓膏口味，整個月餅都是黑的，通體烏黑，吃過嗎？吃過再來自殺嘛，嚐最後一口再說。竹炭吃完了，還有干貝和各式各樣的口味，全都吃完了，撐死也總比自殺好。

任何治療師也能藉著做這樣的建議而堅持到底。不管個案怎麼說，身為治療師堅持到底就對了。像我門診有個老先生，全身都痛，又駝背，就來求我給他安樂死。我說：「好啦好啦！我慢慢研發，你等我！」等到現在為止，他說他不想自殺了，我就罵他：「你不是說要自殺嗎？我研發得那麼辛苦，快要成功了，竟然跟我說你不想自殺了。」其實我哪裡在研發，我說研發得很辛苦是騙他的。

他說全身都是病，不想拖累孩子，走路髖關節又不舒服，我就說：「要死也不急著死，都已經活一輩子了，你每兩個禮拜、一個月來看看我，真的到時候怎麼樣再說。」拖著拖著，竟然病情就改善了，拖著拖著就不想死了，他說：「許醫師，好像沒那麼想死耶！」

有時候我就是堅持到底，沒有其他的想法。堅持生命是一種喜悅，堅持人生是來出差、旅遊、學習、考察兼玩耍，堅持人生的這個品味，堅持搞笑，堅持無厘頭。大家要學到這樣的生命精神，其實人生真的很好過。

同時，藉由讓那人選擇這樣一個決定延後的時段，而獲得病人的合作。個案會說：「死是我最後的選擇。」我沒有不贊成死亡，也沒有說死是不可以的，但是不要急著死，急什麼？早死早投胎嗎？早死還是要早回來，想要早回來嗎？不要，那就對了。以拖待變，藉由拖延他的決定，來得到他的合作，可是又不需要劇烈的反對他，否則下次他就不跟我說了。

第53講

53-1

‧找到自己未來的喜悅和快樂的方向，身體就會自然而然恢復健康

我先描述一下恐慌症的症狀，有時候莫名其妙頭暈，有時候覺得吸不到氣、胸口悶，有時候怕坐捷運或怕塞車。像我有個個案是怕下交流道，每次一下交流道就全身發抖，有的是怕坐飛機，尤其是在飛機關了艙門準備起飛時，就會抓住旁邊的人說：「我快死了，我要衝出去。」此時如果要下飛機，通常不能。有時候飛機一飛上去，就會覺得好一些。

也有的恐慌症是害怕特定的東西，有時候害怕見人，害怕到人多擁擠的地方，有時候突然心跳很快，擔心自己心臟病發作、急性心肌梗塞，害怕自己突然死掉。或是會頭暈，尤其是後面的頭皮發麻或半邊的手腳麻，開始覺得自己是不是要中風了。所以恐慌症的人害怕的是：「我是不是快中風了？」「我是不是心臟病發作快死掉了？」或是：「我是不是得到一個沒有檢查出來的致命疾病？」

我要跟同學複習一下身心靈健康的三大定律：第一大定律是人本來就是健康的，身體本來就不應該生病，人自然而然就是健康。第二大定律是人的身體有偉大的自我療癒力，只要找到了啟動那個自我療癒力的扳機，很多不可思議的自我療癒會發生。第三大定律是身體其實是一面鏡子，反映出我們內心的痛苦和悲哀，種種的壓力和痛苦會透過身體反應出來，所以一直去治療身體沒有用，一定要回來看我們的心、看我們的痛苦、看我們的壓力。

如果能走對路、找對方法來面對內心的痛苦，釋放內心的負面能量，也能找到自己未來的喜悅和快樂的方向，同時又可以啟動身體的自我療癒，就會自然而然恢復健康。

甲同學在剛才的分享中提到，雖然表面上媽媽比較強勢，但媽媽一直都沒有得到自己想要的東西，長期以來在婚姻當中，很大的心力是放在商業上面。這一點我覺得滿值得探討，因為媽媽是來自一個文教家庭，不曉得從商是不是她的興趣？或只是她謀生的方式？如果不是她的喜好，不是她想走的人生道路，那麼這些年來是為了誰而活？有沒有活出她要的生活？真的找到了自己的快樂嗎？還是像我們常常講的，進了社會後，成了出賣靈魂的人，做的事、過的生活不見得是自己要的，而是不得不如此。

也許對媽媽來講，從來沒有真的愛過自己，走自己生命要走的路，這麼多年下來，心裡不平衡。爸爸比較聰明，在半年前就中風了，中風之後，媽媽要照顧他，因為生病的人總是得到比較多的關注和重視。於是媽媽內心更不平衡，我覺得她有自己想得到而沒有得到的東西，沒有找到自己要活下去的快樂的生命方向。

・給出去什麼，就會得到什麼

我常講，得到癌症之後才是真正的生命要開始的時候，不是要怎麼告別，而是要趕快加足馬力，有很深的一種覺悟，思考到底要怎麼活才能活下去？怎麼活才能把快樂賺回來？怎麼活才不枉這一生要追求的方向？我常講，要把自己過去活的方式，當作是過去的方式，只要開始找對新的方向、新的心情，就算多活一天都是賺一天，每賺一天，心情就很快樂。

剛才講身心靈的第三大定律：身體是心靈的一面鏡子。心裡快樂了，找到人生的方向了，找到要活下去強烈的喜悅和動機，身體自己會好，這就是我們的信念。不用去治身體，只要相信它會自己好，它就會自己好，聽起來很容易，可是大家真的要去身體力行。

造物主讓我們到人間來，但不是每個人都過得很快樂。如果我們跳脫傳統的觀念來看待生死，哪些人會受到疾病的召喚？在人間沒有盡其所能的讓自己快樂、讓別人快樂，在人間沒有盡其所能的創造喜悅、利己利人。對於這樣的人，我覺得造物主背後可能是本著另一種慈悲，不忍心他們繼續在人間受苦，不忍心看著他們這輩子就一直這樣下去，於是以疾病的方式來結束痛苦。

如果不想這樣子的人，只有一條路，去創造覺得願意過下去的快樂生活，去找到一個覺得值得活下去的人生。比如說，有些人的婚姻一路走了幾十年，如果問她：「展望未來，妳覺得這種人生很值得過嗎？」老實說，不見得值得過下去。所以我們不是醫身體，而是帶領這個人去找到值得過下去的人生，配合身心靈的觀念和賽斯心法，病自然會好。

那些說不甘心自己得癌症的人，講這句話沒有用，他們應該要說的是：「我為什麼會得癌症？我不甘心就這樣死掉，我不甘心我還沒有為自己而活，我不甘心我還沒有發揮自己的創造力，我不甘心還沒有在我的命運當中去奮力一搏，就這樣死掉，我不甘願。」

記得台南的四美同學嗎？她得到末期癌症，說一句話：「我不甘願。」因為她認為她的人生根本還沒開始，過去的人生都是為別人而活，都是在受苦、忍氣吞聲，壓抑內心的委屈和痛苦。我建議大家最好要不甘心，但這個不甘心是義憤填膺，要化悲憤為力量，甚至要有一種豁出去的心情，告訴自己：「老娘都快死了，只要是利己利人、不是殺人放火傷害別人的事，為什麼不能做？」

給出去的就會回到自己身上。賽斯講過，所有的債都要還，但是這裡講的債，不是因果業障的債，而是學習。我常講，不可能從別人那邊占到便宜，不可能占到這個世界的便宜，放心好了，給出去什麼，會得到什麼，所以給出去的最好是將來自己希望得到的東西。

在人際關係也是，給出去的是欺騙、是占便宜，將來一定會得到自己給出去的東西。給出去的如果是不批判、寬容、接納、同理，還有愛，就會得到同樣的東西。不要以為這一世就結束了，沒那麼簡單，整個生命是一體的，所以請各位盡快給出去自己想得到的東西，因為越給出去想得到的東西，就會越得到想要的東西，我希望透過這樣的身心靈成長，讓每個人都過得快樂幸福。

53-2

・不讓自己被欺負是替對方著想，因為受到對方的惡意對待就是結惡緣

（《健康之道》第三九一頁倒數第三行）告訴這樣一個人，他不可以自殺，或不該自殺是沒用的。難道他不知道嗎？他又不是笨蛋，誰都知道不應該自殺，知道自殺不好。所以強烈的告訴他不可以自殺是沒用的。

而的確，這樣一個過程可能相當的危險，加強這人朝向一個死亡決定的傾向。這樣的人會說：「你說不行，我就偏要。為什麼不行？從小到大每個人都說我不行，我就是行。也許我這輩子什麼都不如人，什麼都不能做主，不能決定我的出生，不能決定我生活在這個悲哀的家庭，不能決定我的婚姻，不能決定孩子被我的先生搶走，不能決定先生有沒有外遇，不能決定我悲慘的一生，但起碼死亡是我能選擇的吧！」

這時要稱讚她：「妳能決定死亡，好棒喔！既然能決定死亡，還有很多妳也能決定。」回過來贊同她連死亡都可以決定，可不可以去咬先生？請問咬了先生，最悲慘

的下場是什麼？頂多被打死，可是連死都可以了，那就去咬啊！開玩笑的，我不鼓勵暴力。或是連死都可以了，就可以去跟公婆嗆聲說：「當你們家的媳婦真是倒了八輩子的楣。」

藉由認同、同意她連死都可以了，還有什麼建設性的行動不能做？還有什麼發自內心的話不能說？請問這麼做是要蓄意傷害別人嗎？沒有，只是要告訴公婆：「我嫁到你們家，當了二、三十年的死奴隸。」可不可以說？連死都可以了，連癌症都可以得了，還怕什麼？這就是力量，沒有要傷害公婆，只想一吐怨氣。

等怨氣吐了，下次再跟公婆說：「我只是一時的怨氣說出實話而已，你們也不要太難過！」有時候這樣子伸張主權，公婆才會疼惜、尊重，那種最不甩公婆的媳婦，反而公婆對她最好。越低調、越忍辱負重的，很容易被欺負。

但我不是鼓勵大家做壞媳婦，而是要善待自己，也要讓別人積陰德來善待我，因為讓別人惡意對待我們，也是在造成對方不好的因果，所以要以公平心、愛的互助合作來過人生，創造跟周遭人的互動關係，而不是結惡緣。不要以為一直忍、一直吞就沒事，這會讓別人跟我們結惡緣，縱使自己忍氣吞聲，我們的孩子會不會反擊？會，這是不對的。所以有時候我不讓別人欺負我，是替他著想，因為我不想讓他當壞人。

真的要回到根本的精神：愛的互助合作。

賽斯講，一直告訴他不可以自殺，死後會下地獄，但他可能會冒這個險說：「我現在比在地獄更痛苦，我寧願去地獄，也不要再活受罪。」也許他不能接受這個觀念。

• 我們行星上的每個人，都需要每個活著的人的每一點幫助和鼓勵

應該強調做抉擇的概念。他可以做抉擇，既然可以選擇自殺，可見還有很多選擇可以做。就像我常講，既然可以選擇創造疾病，可見這不是唯一的路，還可以選擇創造其他的方向。強調做抉擇的概念，因為做抉擇就表示有自由意志，有自由意志就表示有力量。

強調做抉擇的概念：求生或求死，的確是每個人的選擇。當他們在為自殺辯論時，有的人可能說：「我有死的權利。」而雖然這是真的，但是下面那句話很重要，賽斯心法來了，但我們行星上的每個人，都需要每個活著的人的每一點幫助和鼓勵，也是真的。人有權利選擇自殺，沒有錯，可是每一個活著的人，也都需要任何一個人的鼓勵和幫助，不要拒絕別人的鼓勵和幫助。

比如說個案拒絕我對他的鼓勵和幫助，我就跟他說：「你好殘忍喔！你今天不讓

我幫助你，改天我需要你幫助的時候，怎麼開得了口？你不是置我於死地嗎？」聽到沒有？他置誰於死地？置我於死地。為了不要哪一天我需要他的幫助時而不能開口，所以我今天必須幫助他，而且他必須接受我的幫助，為了誰？為我自己，告訴他：「我不是為了你，我是為了我自己，你沒有權利不接受我的幫助，因為你今天不讓我幫助你，你認為你不需要任何活著的人的幫助和鼓勵，是不是表示有一天當全世界只剩下我和你，而我有困難需要的時候，不能跟你開口？你老實告訴我。」

他一定會說不是，我就接著說：「那你怎麼說？要不要幫助你？」他會說：「好啦好啦！」因為人是互相的，我為了有一天需要他的幫助，所以今天當他需要幫助時，麻煩不要硬撐，沒有人是超人，不管多棒多成功，每個人都需要別人的一點幫助和鼓勵，這個觀念趕快建立起來。

以某種說法，每個個人的能量的確使得世界繼續運行，而自殺是拒絕一個基本的、合作性的冒險。我面臨絕處，認為所有人都幫不了我，這是一個拒絕合作的聲明。可是宇宙的本質是愛的互助合作，從今天開始，讓自己能接受別人的一點幫助和鼓勵，那麼就會時時去給別人一點幫助和鼓勵，這就是我們這裡的精神。

53-3

• 如果不滿意生活條件，可以將自己投射進一個滿意的未來

（《健康之道》第三九二頁第四行）有著普通健康的人常常思考自殺，也真的就己在一個重要程度將自己關在世界之外了。賽斯在上一段提到，每個人的能量的確使得世界繼續運行，而且這個世界上的每個人，都需要另一個活著的人的每一點幫助和鼓勵。賽斯的精神一直強調，每個活著的人是愛的互助合作，我們的生活是一種基本的合作性冒險。如果經常思考著自殺這件事，表示已經把自己跟別人隔開，把自己封閉起來，拒絕跟周遭的人愛的互助合作。

甚至他們的肉體感官也彷彿糢糊了，直到他們往往追求越來越大的刺激。比如說酗酒、飆車、使用K他命，最近有個新聞，某高職的學生竟然在老師和同學面前獻寶，獻他吸K他命的能力，把全班弄得頭暈、嘔吐。經常思量自殺的人，常常會在生活當中尋找越來越大的刺激。

在身心有病的期間，或不令人滿意的生活條件裡，這同樣的態度也以較少的程度，在種種不同範圍變得明顯。身心有病的人，多少也有這樣的傾向，就是焦點變模糊了。可是，如果你是這樣一個人，你也還有其他可以採取的步驟。採取怎樣的步驟？關鍵來囉！賽斯不只是心法，還有功法，下面這段就是我們的功法。

將你自己投射進一個滿意的未來。描繪出一個腦海當中希望的未來，而且因為未來還沒有發生，所以可以去創造、去設定，把自己投射進一個意願當中滿意的未來。提醒你自己，如果你要它的話，未來的確是在那兒的。這是一個很重要的冥想，光是做這個冥想，就不會覺得未來沒有希望。

把渴望中、滿意的那個未來投射出來。首先，要尋找一個滿意的未來，比如說，假設我投射出一個未來是：我坐在賽斯村，有許多同學長期住在那邊療養、修行，有些短期的課程志工，然後大家在上課，也許各地都有視訊，所有同學在那邊得到身心靈的健康與療癒。我把自己投射到那樣一個未來，而且告訴自己：「如果我想要做到，未來就在那兒。」

同學也一樣，如果生意失敗，請投射到一個滿意的未來，比如說，可能會東山再起，可是這個自己跟過去的自己不一樣了，過去只會賺錢，只會競爭，只知道拼到三更半夜，現在既懂得成功，懂得愛自己，又懂得把愛分享出去，這樣反而能得到更大的成功。

也可以投射進一個想要的未來，有適合的情人，或是婚姻重新圓滿，孩子找到自己要走的路，然後自己過著想要的生活，把覺得滿意的未來畫出來，投射出去，告訴自己：「如果我要的話，可以創造這個實相。」得到癌症的同學、生病的同學，更可以這樣做。設定一個覺得滿意的未來，把它投射到五年後、十年後，讓心境進到那個未來，可是心境進到未來時，那不是在未來，而是在當下，用當下的心境去栩栩如生的想像，感受那個未來已經存在了。

• 對渴望的未來抱著巨大的信心，而且在當下採取行動

對我來講，假設我們到年底把鳳凰山莊承租下來，這兩年我們到鳳凰山莊去，把它當小賽斯村，兩年後，我們真正的賽斯村開始初步興建，這就是一個未來的投射。所有的未來都尚未發生，但是如果有那個意願，把它投射到那個想要的，告訴自己：「如果我要它的話，未來的確是在那兒的，而我可以長成那未來，就與我從過去長成現在一樣的容易。」

這段話要反覆思量，而且用這段話來幫助對未來不抱希望的人，問他：「如果你有未來，你希望哪一種未來？」然後投射過去，找出具體可行的步驟，在心裡給自己簡單而深厚的信心：「如果我想要的話，這個未來是可以得到的。就像我從我的過去到我的今天這麼容易，那麼從我的今天到我想要的未來也是一樣容易。」對一個渴望的未來、想要的未來，抱著巨大的信心，在當下就採取行動。

假設現在有一個同學，醫生告訴他只能活六個月，他就想像兩年後在鳳凰山莊當志工，可不可以？怎麼想像兩年後到鳳凰山莊當志工？畫出來，然後去坐火車，先參觀未來要當志工的地方，用行動去強迫中獎。什麼叫行動？行動就是我們的夢想強迫中獎的東西，如果有一個夢想卻不去行動，有什麼用？

賽斯講，心中懷抱遠大的夢想，設定一個渴望的未來，但是要具體的採取最小的步驟，就能朝向那個夢想往前跨一大步。如果在家裡根本出不了門，能不能採取行動？可以，上網去查鳳凰山莊的訊息，看到那張圖片，告訴自己：「這就是將來我要去當志工的地方。」如此一來怎麼可能活不下去？怎麼可能對未來失去希望？因為已經投射到未來一個美好的夢想了，而且開始採取行動。

把自己投射進去一個滿意的未來，告訴自己「那是容易的」，然後採取小小的行動，這就是賽斯思想，這部分每個同學要以自己的方式去努力。比如說，如果滿意的未來是夫妻之間彼此尊重、相互成長，覺得在五年後，可以有靈魂伴侶一同成長，這個未來是能夠達到的。請問怎麼採取步驟？很簡單，必須採取小小的行動去達到想要的目標，例如買一朵玫瑰花回家送給先生也可以，為什麼都要先生買花？

每個人都可以按照自己的方式採取行動，來證明自己真的相信那個未來，因為一旦採取了行動，就是在告訴自己未來是真的存在了，而不是每天在說服自己「我有未來」，卻從來不往前邁出一步。像很多人每天在修賽斯心法，可是一回到家，家人問：「妳為什麼最近一、兩年都不買衣服了？」她說：「我得到癌症，買的衣服到時候又要處理不是很麻煩嗎？」一方面來上《健康之道》，相信自己會健康，一方面叫她去買一件漂亮的衣服給自己，卻說「到時候還不是要送給別人？」請花個五萬、十萬，去買一屋子漂亮的衣服，買了擺在那裡，要死都捨不得死，會覺得不甘願，為了衣服拼也要拼下去。

我的意思是說，頭腦學的東西和具體採取的行動兩者不要違背，這樣沒有力量，所採取的行動是要用來加強自己所相信的，不是每天在學身心靈健康，然後又常常去做更詳細的健康檢查，找出哪裡有病。行為與信念不能矛盾，否則根本就是在一種錯亂的狀態，必須採取行動來證明自己所相信的事。

我說過，賽斯思想不是什麼另類的東西，絕對可以進入醫學的主流，請問有沒有辦醫學研討會？有沒有家醫科醫生、神經內科醫生、婦產科院長來告訴大家他們怎麼學賽斯心法的？怎麼讓自己從癌症當中好起來的？有。還有心臟科醫生，還有好多醫生都還沒出現。

我不但會告訴大家我們在走的這條路，最後連醫生自己都會莫名其妙愛上它，而且我還會用行動證明給大家看。如果我們發出一個夢想，健保局以後會花很多錢在這一塊來促進民眾的健康，有沒有可能？因為誰是被保險人？民眾，人民決定健保局把錢付給醫院、付給開刀、付給沒有療效的實驗性用藥，還是要付給真正的身心靈成長？因為我們所有人是被保險人，決定保險單位把錢付給誰。大家都還不知道自己的力量在哪裡，如果把它設定成我們的方向，將來容不容易實現？

學了賽斯心法之後，會發現沒有什麼是不能實現的，因為信念創造實相，就是這麼不可思議。而且我告訴大家，速度會越來越快。例如昨天李鍾桂博士被我消遣，我當場透露她的年齡大我三十歲，她一九三八年出生。我跟她說，我要給她一年的時間，一年後考察她到底看了多少賽斯書，她剛開始還以為我只寫了兩本書，她說：

「許醫師，謝謝你送給我兩本書。」我說：「沒有，我寫了十三本書，先送妳兩本，是因為讓妳嘗嘗甜頭，等嘗到了甜頭，才要繼續給妳其他書。」本來我的祕書要一次給她十三本，我說：「不用，看不看得懂都不知道啊！給那麼多做什麼？先給兩本就好，等她自己上手了，就會不斷的再看進去了。」

•沮喪的人貫注在世界的悲慘上，因為遺漏掉有關人的英雄主義

許多沮喪的人，幾乎全心全意貫注在世界的悲慘上。悲慘的人永遠看到悲慘的地方，不是看到遍地開花，是看到遍地腦袋開花，遍地流血。可能帶來其結束的可能災難。他們提醒自己，這星球是人口過剩的，而投射到將來人為或自然的最悲慘災禍。永遠在思考負面的東西，看到悲慘的未來。

這種思維必然會引起沮喪。它們也繪出對實相的一個極偏頗的觀點，遺漏掉有關人的英雄主義。每個人都是英雄，跟學歷無關。像我今天門診有個個案，在國外唸了博士回來，我開始介紹他看我的書，他說：「許醫師，好像不是看得很懂耶！」我就開始消遣他：「是啊！看我們的書跟學歷沒有關係，不是因為只有國中和國小畢業就看不懂，許多博士和教授都看不懂。」我常講，六祖慧能不識字，沒有上學，他懂不

懂佛學？懂，真正內在智慧的東西跟學歷無關，大家不要被自以為的學歷限制住了。

人的英雄主義、人的同胞愛、人的好奇和同情，及自然世界本身偉大的救贖特質。因此，像這種沮喪的人必須改變其注意力的焦點。不能再集中在悲慘的地方，不能集中在人類惡劣的地方，一定要開始去看到不一樣的畫面，看到人的英雄主義、人的同胞愛、人的好奇與同情，還有這個自然世界本身偉大的救贖特質。

我再講一個小祕密，其實我滿喜歡看綜藝節目，胡瓜、吳宗憲主持的我都喜歡看，因為帶給我快樂，我寧願去看一些綜藝節目，也不會去看很悲觀的文學作品。我也告訴大家，我最喜歡周星馳的電影，他的每部電影我都看過。不要以為我只讀高僧的書，以為我在家拿出來的就是大藏經、華嚴經，不是，我喜歡看綜藝節目，以及所有會讓我笑的東西，不管有沒有深度，只要是會讓我笑的東西就是有深度的東西。

有些人愛看關於健康的負面報導，我勸他們還是多看一點綜藝節目，真的很好笑。與其在那邊算自己還能活多久，沉浸在未來悲觀負面的想法，我寧願大家去看綜藝節目，因為能讓人放鬆。很多人以為這種身心靈宗教的修持應該很嚴肅，其實不對。

我常講，不快樂的人是不道德的人，因為他拖垮了人類共同的生命品質，就算一個人私底下在家偷偷不快樂，也是不道德。我甚至還給他安上一個罪名，叫公共危險罪，活得很不快樂的人是觸犯了公共危險罪，因為每個人的快樂與否，會影響全人類的生命品質。讓自己快樂就是公共衛生，就是公德心的展現，請大家發揮公德心，讓自己快樂，不要一個人躲起來悲哀、難過，你家就是我家，我家就是大家。

53-4

‧世界所有的問題也都代表偉大的挑戰

（《健康之道》第三九二頁倒數第二行）生命其他創造性的、積極的、有成就的部分一直都在，而單單對它們的思考本身，就能提振精神而遠離緊張。如果一個很緊張、很容易焦慮、大腸激躁的人，要開始去注意到創造性的東西。比如說，世界運動會那些畫面或老虎伍茲、王建民都好，因為會讓人感受到一種積極、創造性、有成就的部分，要以這樣的心情，打破過去一直沉溺在自以為的一種負面思考，因為人會不自主地落入了負面思維，覺得一切都沒希望、沒有未來。

但是我一直講，沒有一個人能夠在當下告訴自己沒有未來，這樣太武斷了，可以告訴自己：「我沒有現在，但不是沒有未來，因為未來尚未發生，未來永遠有新的希望。」絕對不要把未來當作已經完全毀滅了，還是回到我們那句話：「無可救藥的樂觀主義者」，不管生命在如何惡劣的情況之下，都要記得。

要點是，世界所有的問題也都代表偉大的挑戰。賽斯給大家任務了，有太多的事情我們可以做，有太多的東西值得我們去努力。比如說，這個世界尤其需要年輕人去努力促進和平及解除核武，這是賽斯在一九八四年講的，現在解除核武了沒有？大致都解除了，只剩下北韓一點點而已，沒關係。以前東德、西德不是更慘嗎？以前蘇俄和美國不是更慘嗎？你看，我多會安慰自己啊！這裡有沒有發現角度又不一樣了？我注重的是改善了百分之八十，剩下那百分之二十算什麼？這個世界需要年輕人，而在座每個人都是年輕人。

去努力促進和平及解除核武，去擔起解除食物管制、重新分配食物來源。有些報導我完全不能接受，例如美國有些州因為牛奶生產過剩，為了平衡市場，把牛奶倒到河裡，但在此同時非洲人沒有東西吃而餓死。或是假設台灣香蕉生產過剩，為了回歸市場機制而採用集體銷毀的方式，可是這個世界有沒有人沒東西吃而餓死？

簡單來講，如果有一戶人家，爸爸、媽媽和四個小孩都沒東西吃快餓死了，隔壁的有錢人為了平抑物價，銷毀家裡的白米、水果，請問做何感想？這就是人類在做的事，兩個字叫「殘忍」，四個字叫「沒有人性」。這個東西需要每個人用信念去轉化。可是這樣的事在我們這個世界有沒有發生？有，這完全不對。

後來有些自發性的組織，包括很多大飯店，把快過期但沒有壞的麵包，送到其他的遊民收容所，或是一些缺乏食物的人那邊，我覺得很棒，連我都想吃了，因為那些東西不要浪費。雖然賽斯也講過，這個世界沒有浪費，我們無法浪費宇宙任何資源，可是我們有一個浪費的心。

這個世界很多人還需要食物、需要愛，像我剛才提到，也許很多家庭進入空巢期，請問有沒有很多家的孩子沒有人照顧？有。或是很多家的老人很囉唆，但有沒有很多家的老人沒有人照顧快餓死了？也有。我常講，把心打開，今天我們去幫助任何一個別人，就是在幫助自己。

人類是一體的，絕對不是說我們可以從別人那邊得到多少，沒有這件事，而是越分享出去越多，因為愛是分享不完的。越了悟到愛是分享不完的，資源就是無限的，因為心量是無限的，無限量的心會創造出無限量的資源。我期待每個人的觀念打開，讓愛出去，愛出去了，愛才會進來，不管是活著的、已經往生的人都一樣。

• 世界需要每隻手和每隻眼，並為愛和關懷的表達大聲疾呼

和鼓勵國家加入這樣一個創造性冒險的任務，那些的確是有價值和激勵人心的，

與過去任何世代面對的理想一樣的高貴。世界需要每隻手和每隻眼，並為愛和關懷的表達大聲疾呼。這個世界需要每個人的雙手，需要每個人的一句話，需要每個人的每一份力量，並且為愛和關懷的表達大聲疾呼。

貢獻自己給這樣一個理想，遠比以悲哀的眼睛和悲愴的聲音不斷地哀悼全球問題值得讚許。我常講，做自殺和憂鬱症的防治沒有用，要去鼓勵人們從事有意義的偉大工作。偉大不是說要參加哪一項偉大的任務，而是從身邊開始，去幫忙照顧周遭的人，例如扶老太太過街就是一件偉大的事。

像很多同學之所以會來上課，就是之前其他人介紹來的。我們台南有位同學也是一樣，他得到末期癌症，有個衛生局的護士給他一本書，還有高雄的吳院長，也是朋友拿一本《絕處逢生》交給醫院的護士說：「聽說你們院長得到肝癌，這本書不錯，給他看看。」

結果得到肝癌的吳院長，當天晚上竟然熬夜到三點，把整本書看完。然後發願說：「我要找這個醫生。」於是提供場地，把我請到他們醫院去開團療課程。他馬上採取行動，為了誰？為了他自己，同時也造福了很多人。我的意思是說，那一份心，對人關懷的那一份心要出去，這麼多愛放在心中會長利息嗎？只會長蟲，不會長利息。如果對這個世界有關愛，放在心中沒有用，要採取行動，去表達出對這個世界、對別人關懷的心。例如我一直鼓勵大家來組一個家屬關懷團體，專門關懷癌友的家屬，讓這些家屬知道如何幫助生病的家人。

如果你是了無生氣的，下決心踏出朝向行動的第一個小步，無論這個小步可能是多小。提醒你自己，生命就暗示著行動和動作，而即使最沮喪的思維活動，都在了不起的突發節奏裡流動。告訴自己採取最小的步驟都可以，只要那個東西能對周遭的人、對親人展現出力量。

在這兒給的所有建議，於較輕的狀況裡也有幫助——在平常發作的憂慮、緊張或健康不良裡。比如說，我們剛剛講的腸躁症，或經常心中不安、容易緊張的人，所有賽斯給的暗示和練習都有效。

即使那些有非常嚴重疾病的人，也永遠能希望有所改進，因此，即使一個人由於一個嚴重的健康難局而考慮自殺，這事也該被慎重的權衡。彷彿最不可逆的身體狀況，都甚至曾戲劇性地改善。這句話我們做到了沒有？做到了。賽斯提到，彷彿最不可逆的身體狀況，都可以戲劇性地改變。不管是第三期、第四期，只要還沒死掉，都可能戲劇性地改變，這就是賽斯心法。今天我們在這邊不但在學，而且在做。

• 不論生命遭遇到什麼打擊，都是為了導向一種正面、光明的成長

因此，每個明天的確提供了那個可能性。不過，再次的，個人必須做他自己的抉擇，而毋需面對擔憂靈魂本身會不會因這樣一個自殺行為而被譴責的額外負擔。賽斯心法跟傳統宗教不一樣，自殺的人一點都不會受到特別的懲罰，反而會在往生之後得到加倍的照顧，因為自殺的人是痛苦而死，會得到加倍輔導。我的意思當然不是告訴各位，為了得到加倍的輔導就要去自殺，而是說，一個自殺而死的人，需要的是更多的愛和關心、輔導和幫助，不是懲罰。

如果曾經有往生的親友是自殺死的，以前他們的家人老是會被那些錯誤的信念所汙染，擔心親友是不是還在地獄受苦？有個個案告訴我，他爸爸是跳樓死的，每次他就聽到亂七八糟通靈的說，一個跳樓死的靈魂會每天重複跳樓，我說：「沒有這種宇宙，什麼一個跳樓死掉的人靈魂每天都要跳一次，然後再死一次，又不是在炸油條。」我講過，一個自殺死掉的人立刻會後悔，但是後悔來不及了，他會得到更多的教育、關心，然後教導他未來再投胎時，如何珍惜生命。

在我們這個世上，有沒有人不管經歷多少痛苦都要活下去？有沒有人失掉雙手雙

腳也要活下去？很多這種例子，讓我們覺得很不可思議，這種情況怎麼還能活下去？還掙扎著要求生？也許他在過去轉世的生命當中，曾經輕率地解決過自己的生命，而這一次他終於決定，不管如何都不放手，絕不輕言放棄生命。每個人的靈魂都在學習和成長。

在我們生命中發生的每一件事，都要看到正面的地方，離婚有離婚正面的地方，事業失敗有事業失敗正面的地方，一個家庭有人自殺了，這件事也可以是一個正面的事件。甚至在《不正常也是一種正常》這本書中，我講一個家庭裡縱使有個成員得到精神病，其實目的都是讓這個家能夠得到成長，得到一種痛苦的解脫。學了賽斯心法之後，會從過去每個最悲哀和負面的事情當中，看到正面光明的成長和希望，這才是真正的了不起。

像我們有位同學從大二開始大腸激躁症，伴隨著學業、結婚生子、空巢期，三十幾年的大腸激躁症有沒有好處？一定有，找到了就快樂了。每件發生在身上最悲慘的事，目的都是為了讓生命導向一個最好的結果，如果沒有這句話，怎麼活下去啊？這就是宇宙的本質，縱使今天全宇宙毀滅掉，也是為了光明的新生，這就是賽斯心法的信仰。

不論生命遭遇到什麼打擊、什麼惡劣的疾病、什麼痛苦，都沒關係，都是為了導向一種正面、光明的成長，把這句話一輩子記在心裡。拿之前發生在身上的每個悲觀的事件來檢驗，看看是不是這樣？這些事情是不是真的有個美好的目的在後面？知道了這一點，就能更信任生命。

大自然並不詛咒人下地獄。簡單來說，不管以前相不相信有地獄，學了賽斯思想的人不會下地獄，因為賽斯家族知道，地獄只是一種內心的自我折磨，根本沒有地獄的存在，我們相信的是學習、成長、愛，不相信懲罰、詛咒，讓那些相信懲罰和詛咒的人去創造他們的地獄。

而在所有存在全都偃臥其中偉大的愛的領域裡，詛咒是無意義的。宇宙是偉大的愛，一切萬有是偉大的愛，在其中所有的詛咒都不存在。

53-5

・除非涉及肉體的疼痛，該避免用藥，尤其是對那些在沮喪狀態的人

（《健康之道》第三九四頁倒數第三行）除非涉及了肉體的疼痛，該避免用藥。

賽斯建議大家儘量不要吃藥，尤其是對那些在沮喪狀態的人。這裡很有意思，賽斯不鼓勵憂鬱症一定要用藥。如果去看精神科的論文發表，心理治療所能產生的效果，至少比藥更好，但是因為大家沒有那麼多時間，保險也不想給付那麼多，所以開藥比較方便。可是開藥永遠是治標，不是治本。

像我今天有個門診個案，還沒開始講話就哭，跟我說先生往生了，我覺得很訝異。她先生之前是再生不良性貧血，醫生建議用化療，結果化療一打下去，感染敗血症往生了。我提到這個例子不是說醫學不好，而是希望大家能夠在身心靈的領域裡多加強、多學習。

所謂的興奮劑，很快就需要鎮靜劑來調節情緒。現在很多過動兒不是在吃利他能

嗎？也許長大之後，他們就會需要酒精、需要鎮靜劑了。所謂的興奮劑很快就需要鎮靜劑來調節情緒，有些躁鬱症的人在憂鬱時，或是有些憂鬱症的人在抗憂鬱時，常常會豬羊變色，很快的轉成躁症，結果一直不斷加強用藥。

如果一直用興奮劑、鎮靜劑來調節情緒，而心智結果達到一種混淆狀態，常常在一種恍惚中。那些嗑藥或每天睡前吃兩顆以上安眠藥的人，白天看眼神就知道了，有一點恍恍惚惚。所以連續使用鎮靜劑和安眠藥一、兩個月以上，也會造成記憶力暫時比較不好，這都是副作用。

在老人院裡，對那些被認為老耄之人，就是所謂的老人痴呆，甚或精神錯亂的人，就是老人痴呆伴隨被迫害妄想、被監視妄想、伴隨幻聽的這類老人家，這種用藥也真的該被認為是危險的，任何改變心智的藥物都有危險性。

• 有些藥物會產生鼓勵自殺傾向的情緒

在一些別的情形下，有些藥物像利他能之類的中樞神經興奮劑，這藥有時實際上被給予過動兒，因為上課不專心，給他吃這種類似安非他命的藥物可以集中精神，考試寫了正面，不會忘記寫反面。本來當一個人有自信心，對學習產生興趣時，自然不會過動，上課不會不專心，結果現在是直接給藥，硬用藥把他拉上來。

在那兒，其效果可能非常的不可預料，而產生鼓勵自殺傾向的情緒，即使在那些如此年輕的小孩裡。我不知道賽斯講這句話，跟現在常聽到的青少年和兒童自殺有沒有關係，至少我小時候沒有聽過兒童自殺的案例，現在有。我懷疑這是精神科、兒童心智科在孩子很小就給了藥物的副作用，因為那時候孩子的心智根本尚未成熟，就為了達到短效、看得到的目標提供藥物。在國外的研究報告裡，甚至提到克憂果（Seroxat）這種藥在治療青少年憂鬱症時，可能會誘發自殺傾向，可是所有的醫學會、藥商絕對不會提到，否則怎麼賺錢？

很多的醫學研究是誰在出錢？其實有些醫生的研究經費是藥商出錢，出錢的老闆是藥商，在這種經濟結構底下，醫生會發表多少強調藥物有危險的論文？像我們那天在劍潭辦醫學研討會，林世芳醫師和王怡仁醫師開玩笑說，他們從當醫生以來，參加的每個醫學研討會都是由藥商贊助，外面一排都是藥商的攤位，只有我們辦的醫學研討會沒有醫藥勾結，因為我們不強調從利益的角度來出發，當然也不會有贊助廠商。什麼叫贊助？當我要從你那邊得到利益時，才會贊助你。

但我們這邊不是，像有兩、三位同學贊助我們印《絕處逢生》給健保局，免費贈送給領到癌症重大傷病卡的人，有沒有任何回饋？沒有任何回饋金。我們這邊沒有商業勾結，一切都是大家來自最真心的愛，這在我們社會上有時候不多見。當所有醫學界的論文背後的出資者都是藥商，我認為不見得會把大家的健康放在第一位。

類似利他能之類的藥物，對兒童可能會鼓勵自殺傾向。我在報紙上發表了關於利他能的文章時，聽說還有某大醫院的兒童精神科主任反應，許醫師是鼓勵不吃藥對不對？我的想法是：「是，我鼓勵不吃藥，你自己的孩子為什麼不讓他吃？」因為潮流這樣走，就拼命開給那些個案吃，這是不對的。雖然我還是會開藥，可是我跟各位保證，我開藥絕對很謹慎。

一個最差勁的醫生才最強調藥物治療，因為他什麼都不會，只會開藥，藥開最多的醫生醫術最不好。台灣人有個很壞的習慣：去看醫生習慣拿一大包藥，覺得健保卡刷一次很划算，講白一點，真的是找死！在我們醫院也是，開一大包藥給病人，還有開最貴的藥給病人的醫生，門診量都是最高的，因為大家帶著來買菜的心情，以為拿到越多藥賺越多。

學了身心靈的觀念之後，會知道那些想法完全錯誤。我告訴大家，醫術最高明的醫生開的藥最少，因為他很謹慎地考慮大家的健康。我不是要大家不吃藥，而是把大家變成已經不需要吃藥，因為病好了，再吃藥反而會有副作用，這兩者不一樣。

就像我們香港有個同學高血壓，聽了CD，看了書，有一次血壓降太低昏倒，醫生說：「你怎麼在吃抗高血壓的藥？」他說：「我之前有高血壓。」醫生說不要吃了，結果藥都停掉，血壓非常正常。像糖尿病，我絕對不會告訴大家不要吃藥，我會說：「當你透過身心靈的方法，讓自己的血糖都正常了，那你還吃藥，就要去看精神科啦！」我也不鼓勵大家不要去治療癌症，而是在我們這裡，透過身心靈的概念、賽斯心法，都沒有癌症了還治什麼治？

我們走的是這樣的方式，也要糾正大家用藥的觀念，我希望大家告訴親戚朋友，開越多藥的醫生愈差勁，我這是實話，因為他是用賣菜送蔥送薑來吸引客戶，那不是好醫生。真的好醫生願意多花一點時間告訴病人，要怎麼運動，怎麼改善心情，要怎麼做才能解開內心的結，而不是拼命開藥。這關係到每個人的健康，關係到我們所愛的人、我們的家人，所以大家的觀念一定要改變。

• 許多在社交場合嗑藥的人，真的是在玩一種心理的俄式輪盤賭

許多在社交場合嗑藥的人，真的是在玩一種心理的俄式輪盤賭。就是左輪手槍有

六個洞，在其中只放一顆子彈，然後每個人輪流往自己的腦袋開槍，六槍中會有一人中彈而死，這叫做俄式輪盤賭。最近台灣爆發一則新聞，有個高一新生獻寶給大家看自己怎麼吸K他命，結果全班都噁心得嘔吐，就是像這類的東西。

那些嗑藥的人，他們的感受可能是像這樣：「如果我命不該絕，這些藥不會傷害我，而如果我命該絕，我吃什麼又有何區別？」這有時候跟得癌症的人心情是一樣的，其實死活沒那麼重要了，因為活著不見得比死更難過，死了不見得比活著更悲哀。

很多人把日子過到死跟活差不多，也很了不起啊！有兩種人過到這種程度：一種是人生開悟解脫，生命價值完成，達到巔峰，所有該活的、這輩子生命的能量都發揮得很好，到了那一天，覺得心滿意足可以離開人間了。另一種人是把日子過得苦不堪言，苦了一輩子，到最後死跟活沒有太大的差別，我希望大家不要有這樣的一天，而是要在生活當中儘量創造生命的價值完成，創造一種感覺：「我活著真好，真是喜悅，只要活著就有選擇，只要活著就可以愛己愛人，助己助人，成就自己、成就他人。」不是活到後來，覺得好像死了也沒什麼不可以，那些覺得死了也沒什麼不可以的人，請回來看看自己是怎麼活的。

不過，他們是對自己的生命冒了某種險——那些沉浸在此種活動裡的人——而風險可能很高呢！沒錯，有些知識的流派幾乎將某些藥品的利用榮耀化，當做是在鼓勵意識的擴展和釋放壓抑。我聽說在演藝圈裡面，嗑藥的人滿多的，尤其是從事創作工作的人，但是不要擔心，創造力不一定要靠嗑藥，那是覺得自己快沒有創造力的人才會去嗑藥。

在有些古老的文化裡，的確以這樣的方式利用藥物。有些古老的傳統，像印第安人會用一些改變意識的藥物。南美的印第安人有時候在一些祭神的慶典當中，會用毒蟾蜍的背，或是一些毒蕈、毒菇之類的藥物，改變意識狀態。但其用處是很被理解的——而更重要的是，其利用是在社交上被接受的，賽斯的意思是說，在他們的文化底下是能被接受的，跟我們的社會嗑藥不太一樣。

第54講

54-1

・治療癌症最好的方法是價值完成治療法

這次在台中又辦了一個很有意義的活動，因為台中有個同學在去年十一月診斷出胰臟癌，後來開了大刀。胰臟癌的刀是很大的刀，從胰臟、十二指腸到膽囊那一區都要切掉。我跟大家講過笑話，有一次護士去查房，看到傷口的紗布上面有芝麻，就發現他偷吃了燒餅，因為芝麻到肚子裡從腸子跑出來。

他那時候住院住滿久的，也曾經好幾個月沒有吃東西，都是使用全靜脈營養（TPN）。前陣子整個腸胃道不通，嚴重沾黏，再進一次開刀房，醫生只是把阻塞的部分弄通，其實也束手無策。這個同學在高中時代很喜歡攝影，後來台中分會陳嘉珍主任就跟他合辦攝影展，這就是我們一直跟大家講的，希望透過價值完成來治療癌症。

很多人問我：「到底什麼是治療癌症最好的方法？」我會說價值完成治療法，因為癌症的起因不是在身體，而是在精神，它是一種精神現象，是整個內在的能量要起來，為的是要這個人改變過去僵化、固執的思想，改變心境、外境，或是不喜歡的工作或生活方式。

基本上來講，人的內在有著巨大的心靈能量，本來它存在的意義和目的是要讓我們能夠去轉變、去採取行動，可是如果這個力量無法疏導出來，自然會以癌細胞的形式出現。因此，療癒癌症最好的方法是回來面對內在的心靈，改變人生，甚至改變性格，走上身心靈成長的道路。

有時候一個人會得什麼病，只是他性格的延伸。如果按照這個邏輯來看，治療疾病恐怕最後涉及的是要改變性格，而性格的改變不如大家以為的那麼困難。最近我講一句經典名言：「人如果會死，都是被自己的思想害死的。」宇宙的定律是天無絕人之路，但是我們的思想、念頭、鑽牛角尖、放不下、想不開，會把我們帶到絕路。人正在學習理性，可是人的理性有局限。

我們在讀《健康之道》時，我請問大家：「心臟會跳動是推理出來的嗎？人會大小便是邏輯的結果嗎？」不是，是內在自發性的結果。由此可知，如果一個問題無法解決，運用任何的頭腦、邏輯和理性思維，絞盡腦汁都找不出解決之道時，代表這個問題不能解決嗎？絕對不是。但是我們通常會有一種很狹隘的認知，以為一件事情找不出方法解決，或沒有任何人能夠幫忙解決，就表示這個問題不能解決。

‧運用邏輯推理不見得總能推導出解決之道，此時要憑藉的是信任

舉一個高雄同學的例子，她兒子當完兵回到家，最近跟媽媽說，想要到日本去做機車零件。媽媽說：「你要出資多少錢？」他說不用，只要到日本那邊拆解重型機車，然後把零件運回台灣，連本錢都不用。兒子要跟媽媽借機票錢，他說：「妳先借我機票錢，我到那邊工作賺了錢再還給妳。」媽媽一想，一定是跟贓車有關，於是開始抓狂，不借錢給兒子，兒子每天關在房間裡面不說話也不出門，已經十幾天了。

再舉一個我最近看過的電影為例，故事大綱是說，當年匈牙利被俄國人佔領，有一對父母從匈牙利逃難到美國，可是那時候小女兒剛出生不久，他們沒有能力帶著她，暫時把她寄放在匈牙利鄉村一對善良的夫妻那邊。這對父母到了美國，媽媽每天寫信給羅斯福總統的夫人、美國紅十字會、參議員、國會等，希望營救小女兒，把她接到美國。

結果奮鬥了五年，由小女孩的外婆到那對養父母那邊把孩子帶出來，養父母很愛這個小女孩，於是外婆騙他們說，是要帶孩子去布達佩斯觀光，其實是把她送上飛機

到美國去。

小女孩離開前，養父說，幫她撿到一輛人家不要的腳踏車，漆了很漂亮的紅色，她很興奮說：「爸爸，你要送我的禮物好棒，我現在能不能騎呢？」養父說：「現在油漆還沒乾，等外婆帶妳去布達佩斯玩一玩回來，晚上就可以騎了。」

因為外婆不能出境，就把五歲的小女孩託付給空姐送到美國。父母盼望了五年，終於把她接回來。有一幕是小女孩一個人步下飛機，爸媽和姊姊來迎接，報紙也報導從鐵幕營救出一個小女孩。

可是小女兒在美國一直適應不良，到了天黑就說要回家，媽媽跟她說：「我就是妳媽媽，妳要回哪裡去？」有一段時間她就是不肯回家，還跑出去走失了，後來爸爸追到公園說：「妳現在已經沒辦法回匈牙利了，妳是我們的小孩，我們愛妳，我拜託妳好好適應美國的生活，有一天妳長大了，我再讓妳自己決定要不要回去。」爸爸跟她握手打勾勾，所以小女孩就願意留下來適應美國的生活。

但她還是適應不良，因為她本來以為是要去布達佩斯玩一天，然後就要回到養父母的家，卻被帶到了美國，因此她不覺得這個地方是屬於她的。再加上高二時交了男朋友，常常半夜從窗戶溜下去約會或抽大麻，整晚不回家。

媽媽非常愛她，對她的行為很生氣，吵了幾次架之後，只好在她房間外面裝鐵窗，還在房門外面做鎖拉上去。媽媽說：「那些美國青少年會使用大麻、毒品、會未婚懷孕。我這麼愛妳，拼了老命把妳從鐵幕接出來，我寧願把妳鎖在房間裡，也不能讓妳毀掉自己。」媽媽吃了秤砣鐵了心。

後來女兒也抓狂了，從櫥櫃裡拿出一把槍，對著門鎖開槍，又用槍托把門把撞爛。正當她開門出來時，爸爸剛好出差回來，全家陷入了靜默，她也知道自己闖禍了，媽媽也嚇壞了。過了一段時間，大家都冷靜下來，女孩跟媽媽說：「我想回匈牙利，我想回布達佩斯。」媽媽說現在不可能讓她回去，至少要等到高中畢業再說。她就跟爸爸說：「爸爸，現在我要你實踐之前答應過我的諾言。」爸爸無可奈何，已經沒有轉圜的餘地，再待下來親子關係會更惡劣，只好說：「不然妳回去適應看看，到時候看情況再說。」

女孩回到了匈牙利，也找到了養父母。養父母被趕離鄉間的房子，住在一間小公寓，他們看到她也很高興，跟她說：「上帝終於把妳帶回來了，我們每天每夜都在思念妳。」女孩去布達佩斯走一走，也回到小時候住的地方，幾個禮拜後，她跟養父母說：「我想要回家。」因為她發現自己還是比較適應美國的生活，這時候她才知道自己想要的是什麼。

重點來了，她這時候決定要回美國，養父母很捨不得，可是她在匈牙利學業、各方面也無法繼續，畢竟她離開那個文化很久了。有一次外婆要帶她去吃晚餐，剛開始養父母不答應，說：「當年就是外婆把妳帶去布達佩斯，就沒有帶回來，妳現在還要跟她吃晚餐？」女孩說：「不會的，我會回來。」

結果她跟外婆到一家餐廳，她問外婆：「為什麼爸媽堅持要離開布達佩斯？要離開匈牙利？為什麼當年他們要拋下我？」外婆說：「那時候俄國人占領匈牙利，有一天我跟妳外公還有妳媽媽在這家餐廳吃飯，有一個俄國軍官過來調戲妳媽媽，外公起身保護她，那個俄國軍官有點醉意，一槍把外公打死，倒在妳媽媽的懷裡，所以她發誓要離開這個地方。」

小女孩到現在才了解媽媽的用心良苦，想盡辦法要把小孩子帶離這個地方，不要讓自己的孩子也在這樣的地方受到這種苦，她要孩子在一個可以安穩睡覺的地方，不用擔心親人隨時被殺的環境。

她這次又搭飛機回美國了，爸媽和姊姊來接她，可是這一次她下飛機時，她的人和心都回來了。當年她五歲時，只有人回來，心沒有回來，她的心還留在匈牙利，這次她回到匈牙利布達佩斯是去把心帶回來。從五歲到高二，相隔了這麼多年，第二次的迎接，女孩才是真正的回來，母女倆深深的擁抱。

我常講，退一步海闊天空。就像今天有個個案是媽媽，她跟大兒子關係很惡劣，趁媽媽出去時，大兒子說：「媽媽很兇，常常打我，我就是故意要惹她生氣，她要我做什麼，我就是故意不做，她不要我做的我就故意做。」我跟媽媽說：「如果孩子不認為自己有錯，妳不用責備他，也不用打他。妳打他，他只會更恨妳，因為打沒有用。」

回到剛剛那部電影，讓我滿感動的是女孩第二次回美國，那時她的心才真的回來。很多時候在我們的生活中，要在理性上面退一步海闊天空，如果覺得活不下去，人生走到了很痛苦的局面，我一定要說：「如果你會死，一定是你的思想害死自己。」

雖然邏輯理性很重要，可是邏輯理性也會害死我們。我們依靠著邏輯、理性做很多決定，藉由推理、思考，憑經驗推論，可是有時候推理、思考，卻得不到結論和解決之道。這時候賽斯心法就出來了，那叫做信任。可以告訴自己：「我現在理性上找不到解決之道，可是不代表沒有解決之道，我現在不知道問題怎麼解決，可是問題永遠有解決的機會。」我們試圖要大家建立的是這樣一種信任，不管是任何事情，例如到底要搬出去好？還是不搬出去好？要離婚好？還是不離婚好？

• 人都是被自己的思想害死的

回到剛才那位媽媽，每天痛苦，想說如果不借孩子錢去日本，眼看著他現在鎖在家裡，跟媽媽對抗，不吃東西，搞不好要把自己餓死。可是如果借他錢，他要到日本去，十之八九就是處理零件贓車運回台灣，要是被抓了，還會在日本被關，連看都不能看，於是借也不是，不借也不是。

我跟她說，借與不借都可以解決問題。第一個是不借，告訴他：「媽媽支持你去獨立、支持你賺錢，可是我認為這個東西不是我希望你走的路，我心裡支持你，你要去賺，我不反對，請你自己去打工賺錢，賺到了你要的機票錢就去吧！」因為兒子已經當完兵二十三歲退伍了，能擋什麼？

這種說法的好處是什麼？兒子自己賺到的錢，花起錢來會比較謹慎，假設他打工三個月，賺到了兩、三萬，他買了機票，一輩子就會記得自己是如何賺到了第一筆錢後被騙走。再來，到了日本，他一定會順利完成原先計畫的事嗎？說不定他人在飛機上，日本那邊的機車竊盜集團已經被抓，全部落網了，他到那邊根本找不到人，這種事誰會知道？沒有人可以預測未來。

假設沒有這麼幸運，他自己賺到錢，讓他去，真的被抓了，住進日本監獄，他為了要存活，必須講一口流利的日文吧！流利的日文學會了，搞不好將來在那邊找到一份工作，奮發向上，成為傑出的華裔日本人，不可能嗎？或是他學了一口流利的日文，回到台灣開始當日文老師，誰說不可以？假設他沒有在日本被抓，回到了台灣，各種可能性都還會發生。

人生有非常多的變化。我常說，請問五年前、十年前，各位曾經設想過會坐在這裡學賽斯心法嗎？我從小也沒想過我會坐在這裡，人生的每個步驟都是想的嗎？人生不是讓人用想的，思考、邏輯、理性是多麼不可靠，我連說都不想說了。

縱使她的兒子回到台灣，假設也真的做起這門生意了，賺到大錢，後來金盆洗手，開始做功德，洗刷過去的罪惡，不能成爲一代好人嗎？每件事都會發生變化，沒有任何一件事真的會如這個媽媽所想的那樣，如果真的如她所想，又怎麼樣？借不借錢給他，都沒有問題。

我們在這邊學的是四通八達的邏輯，每個思想都有可能，每天都有一百萬種可能性，絕對不如大家以為的，這個也死定了，那個也死定了，不是這樣的過程。但是人真的很容易用思考把自己帶入牛角尖，用思考、有限的邏輯，把自己逼入了絕處或兩難之局，結果自己在那邊痛苦得要命，找不出解決之道，左右為難，想說這樣也不對，那樣也不對，四處碰壁。

天無絕人之路，真的都是我們的思想把自己逼到死路。人如果會死，都是被自己的思想害死的。去看這句話，就知道自己是多麼受限於邏輯、思維，尤其越聰明的人死得越慘，怎麼被邏輯、思維害死的都不知道。

愛因斯坦自己也說，幸好他的直覺能力比數學的邏輯推理還要強，才可能發現相對論，否則如果他的邏輯思維夠好、數學推理能力更強，他就會認為相對論不可能。

我希望把各位引領到一個不一樣的境界，如果所有的思維都找不出解答，很簡單，交給天，告訴自己：「我現在想不出答案，老天會幫我。我現在找不到解決之道，也許解決之道明天就出來了。」一定要看到自己整個邏輯思維的有限性和侷限性，我們是用信念來創造實相，可是常常被自己的信念、被生活困住了。很多時候，痛苦是被思維邏輯蒙蔽了，認為在自己的思維方式找不到答案，就沒有答案，認為邏輯碰壁了、阻礙了，就沒有機會了。其實思維方式也是一種幻相。

像剛剛提到的那個匈牙利小女孩，爸爸後來實現諾言讓她回去。要是媽媽開始擔心：「萬一她回去找了養父母，不回來我們怎麼辦？不回來也就算了，她活在鐵幕底下，一輩子的幸福不是毀了嗎？我們這麼辛苦把她帶出來，這麼做有什麼意義？我活著有什麼意義？為什麼要讓她回到那個爸爸死在我懷裡的共產國家？」再想下去，這個媽媽可能都要上吊了。

‧被困在無法解決的難題時，最好的方法是去玩

我們看到人世間好多人，都被自己的思考邏輯所催眠，以為事情會按照自己想的方向去發生。可是就像我剛才問大家的：「你現在的自己，你現在所過的生活，真的在五年前、十年前就完全料到了嗎？」想都沒想到，生命每個地方都會產生新的變化，所以要認識到我們邏輯、推理、理性的有限性，不管多麼聰明，都是有限的。我們要認識到生命每個片段、每個時刻無限的可能性，問題無法解決，就繼續面對，以拖待變。

我再舉個例子，很多同學也常跟我講：「許醫師，我們每個分會一個一個開，你也不可能這樣跑來跑去，一定會遇到極限。」我就說：「既然沒想到辦法，就先繼續

這樣，我的內心有個信念是一定會有解決之道。」後來就有同學建議說，以後做視訊好了。

我的意思是說，所有的問題總會有解決之道出現，我希望這句話大家要記在心裡。因為很多人會覺得：「我都不知道該怎麼辦。」我要大家在完全不知道怎麼辦的情況之下，還能夠行到水窮處，坐看雲起時，就是這種心情。即使眼看著就要家毀人亡、要跳票了、要法院拍賣了、要走入歧途了、要去殺人放火了，所有的危機都要出現了，完全不知道怎麼解決，可是心裡有一股聲音：「事情終究都會圓滿解決，我看不到出路，是我理性的極限，在我理性極限的背後，有著對宇宙簡單而深厚的信心，對生命簡單而深厚的信任。」這樣的能量起來了，自動會解決所有的問題。

賽斯講過，當我們被困在種種無法解決的難題時，最好的解決辦法是什麼？去玩，各式各樣的玩耍都很好，玩不是逃避問題，在玩的過程中，靈感自然會進來。越是碰到人生不能解決的問題，越要有一種玩耍的心態，而不是在那邊擔心：「死定了。」沒有什麼東西是死定了，但是有時候看到這麼多人玩得那麼開心，我也不忍心打斷大家品嚐痛苦的樂趣。最後還是要說：「人如果會死，都是被自己的思想害死的。」這句話真的希望大家深入體會。

54-2

・越信任身體，越能激發身體自我療癒的能量

（《健康之道》第三九五頁倒數第六行）醫生在開任何改變心智的藥時，都該極端的小心。就是在講我這一科，不論是鎮靜劑、抗精神病藥物或是抗憂鬱劑，開藥都要小心。因為我講過，許多的抗憂鬱劑和抗精神病的藥，反而會造成自殺或誘發自殺，增加自殺的危險性。

假設一個人產生妄想，就是因為他不能面對現實、不想面對現實，才逃到妄想的世界。如果沒有幫他全盤規畫好，提供一些替代方案，就硬給他吃藥來粉碎妄想，把他逼回現實，這跟逼他去死沒有兩樣，精神科醫師要很慎重看待這一點。

某種藥物的治療效果越好，引發自殺的危險性越高，因為醫生不瞭解這個病人為什麼要進入妄想，只認為病人是大腦化學失去平衡。醫生沒有了悟到，這個人就是逃避現實才進入妄想，應該引導他溫和的面對現實、接受現實，在現實當中再站起來。

不要直接用藥物粉碎他的妄想，這是非常粗魯的做法。

舉例來講，假設孩子在家裡活不下去，想離家出走，可是父母沒有去解決他離家出走的原因，只是把門窗封死，把他關在房間裡面，他會怎麼樣？不是自殺就是跳樓，再不然就是破門而出。我的意思不是說他離家是對的，而是說要了解問題更深的原因，去解決根本的問題，而不只是防堵。防堵沒有用，他只會另外尋找出口。

醫生在開任何改變心智的藥時，都該極端的小心，而顯然不鼓勵處於沮喪狀態的病人去用它們。賽斯不鼓勵憂鬱的人靠吃藥，因為吃藥不會好，只會造成短暫看起來已經好了的現象。同樣的，我也告訴大家，癌症開刀、做化療或放療不會好，因為沒有去面對內在的痛苦、壓力，面對自己為什麼活不下去的主要原因。

如果回去面對內心的痛苦、去解決、去信任身體會健康，縱使不開刀、不做化療、不做放療，會好得更快。大家不見得要百分之百按照我說的去做，每個人都有自己複雜的文化因素、家庭因素，還有個人內在的因素，我只是說，事實就是如此。

但我不是說開刀、做了化療、放療就不會好，而是在此同時，如果改變了內心、改變生活，就會好。不然就算做了所有醫學的一切，自己什麼都沒有改變，一樣不會好，只是拖久一點、死得稍微慘一點而已。最關鍵的還是要面對內心，而身體會自我療癒。

請把這樣的觀念活用在生活當中，越信任身體，越能激發身體自我療癒的能量。但是就像我剛剛講，我絕對不是鼓勵大家不要去做正統的醫療，而是如果深入了身心靈的觀念、賽斯心法，就能讓自己好起來，為什麼要去做那些副作用多、危險性高的治療？現在的醫學在治標上能力強得很，可是對真正的治本沒有療效，到最後不會有用。

• 許多人把藥物視為一種化學毯子，用來掩蓋而非抒解

在藥物影響下，選擇變得有限了，而顯然人們在藥物影響下曾自殺過——否則他們可能不會。抗憂鬱劑會造成自殺傾向的浮現。賽斯並不是說，單單藥物會導致自殺，但藥物心理學已經包括一個會促進俄式輪盤賭的態度，那只會增加了問題。我們的精神科醫生對增加問題可是不遺餘力，因為沒有人真的去了解身心靈的本質。說老實話，我也是鼓了很大的勇氣說這些事，畢竟在這個時代裡面要說出真話不容易，尤其面對大家行之有年的思維方式，但是這種事也比較值得我們去做。

大家要多從正面的心態、正面的思想看事情，不管如何，成爲一個無可救藥的樂

觀主義者是這輩子最聰明的選擇。每天提醒自己一遍：「我們是來人間出差、旅遊、學習、考察兼玩耍。」這是最棒的人生態度，越把這樣的精神用在身上，會過得越好，而且人生的各個層面都會越順利。我希望凝聚大家共同的能量和磁場，來創造這樣的氛圍。

人們也用藥以便「放鬆」。我會開抗焦慮的藥、助眠的藥來讓大家放鬆，但是看看賽斯怎麼說。彷彿像是，有些藥讓一個個人放下恐懼和壓抑的阻擋物，而在情緒上超越日常生活的問題。本來會緊張的變得不緊張，本來會恐懼的變得不恐懼。不過，事實是，許多這種人反而用藥物作為一種化學毯子，它有個掩蓋而非抒解的傾向。

賽斯的每句話都非常有智慧，吃了這些藥，變成一種化學毯子，有個掩蓋而非抒解的傾向，比如說，抗憂鬱劑是把憂鬱的情緒蓋住了，但是情緒還在嗎？還在。就像地板很髒，每次都用鋪新地毯的方式來讓家變乾淨，把所有東西藏在地毯底下。許多的抗憂鬱劑、抗焦慮、抗沮喪的藥，都是化學毯子，像抗精神病的藥也是一樣，不是讓妄想好起來，不是讓人在現實當中可以得到成就感，只是把妄想壓下去，但也同時把生命力壓下去了。

很多吃藥的方式都是一種化學毯子，癌症的治療也是一樣，化學治療真的可以殺死癌細胞嗎？不是，是把癌細胞的能量壓下去，沒有從根本的角度解決癌症，因為癌症的起因不在細胞，而在內心阻礙的能量，一定要從內心阻礙的能量著手。

同學會問：「為什麼許多人做化療後來仍然好了？」那是運氣好，因為他們在做化療時，也同時改變人生態度，例如會覺得：「真划不來，我都快沒命了，想這麼多幹什麼？我要學會放下。」他們在接受治療的過程中，放棄了原來痛苦的人生態度。我跟各位保證，如果不做治療，當下就放下，會比做化療、開刀的人好得更快。那些已經開刀、做化療的同學不要擔心，還是可以好得很快，因為信念創造實相，不會因為做了手術、化療、放療，就出現什麼了不起的後遺症。一般人也許會，對學了賽斯心法的人影響不大。

不過我還要把各位提到更深的層次，希望我們的同學將來縱使得到癌症，不必透過那些治療都會好，我說了算。但是，我需要大家更深入身心靈的觀念和賽斯心法，平常就要開始修煉，不是臨時抱佛腳。大家現在學的這些東西，對自己、對親人、對所愛的人，絕對有百分之百的幫助。

•「放下」是信任自己存在的自發性，對自己生命的能量投降

什麼叫放下？「放下」是信任你自己存在的自發性，這句話是重點。放下不是放棄。我常講，放棄是絕望，是不想理了，「放下」是建立在信任，信任自己存在的自發性，信任你自己的能量、權力與力量，並對你自己生命的能量投降，不要跟生命的能量對抗了，越對抗，疾病就會越來越嚴重。不是對賽斯投降，不是對許醫師投降，請對自己內在生命的能量投降，讓它流動，不要再跟自己作對，不要讓自己再痛苦下去了，不要再為了莫名其妙、愚蠢的理由，令自己受苦。

「投降」這字本身可能特別衝擊一些人，但自然的每個元素都對那生命形式投降，我們身體的每個原子也一樣。請問肝臟有沒有對身體投降？肝臟如果不對身體投降，怎麼成為肝臟？如果肝臟跟身體作對，就叫做B型肝炎、肝硬化、肝癌。肺臟要不要對身體投降？它是身體裡面愛的互助合作的一部分。身體的每一部分都必須對身體的整體投降，彼此是愛的互助合作。如果不跟生命投降，不順從內在的自發性，就會痛苦、沮喪、生病。生命的每個元素都必須對生命的本質投降、對愛投降。

那麼，對我們自己生命的力量投降。那是一種順應，我會說叫做涅槃，不再對抗生命。涅槃不是消滅、不是消失，是讓自我跟內我成為一體，不要用理性去對抗內

心，不要用過去的知識對抗內在的直覺，而是彼此各讓一步，能夠妥協，進入愛的互助合作。

對我們自己生命的力量投降，是依賴誕生出宇宙和我們，在大自然內卻超越大自然的偉大力量。朝向精神、身體、情感與心靈健康的首要第一步，正是那種投降、那種接受與肯定。對自己生命的能量投降，對存在接受與肯定，這是我希望每個人都要學會的。

傳統的基督教要我們順服上帝。我不鼓勵大家順服上帝，尤其是被塑造出來的上帝，我甚至要說，不需要順服人家口中的那個佛陀，也不需要對祂投降，我們要對誰投降？對自性、對自性佛。我們觀念裡面的佛是人家說的，是扭曲過的，是大家投射出來的那個佛，不必對那個佛投降，然後覺得自己滿身業障。也不必對宗教裡面的神投降，而覺得：「我錯了，我有原罪，我真是糟糕。」我們要充滿喜悅地接受生命的能量，肯定自己來到人間，接納自己是實習神明，不要跟生命的能量對抗。

我們對我們的內心有太多的「但是」，「但是」越多，痛苦越深，請對生命的能量「say yes」。像我會告訴宇宙：「我很高興我是許添盛，我很高興我這輩子來到人間，我很高興我的外表一看就是男人，我很高興我是我自己。我很高興我活著，我歡喜的迎接每一天，迎接宇宙給我的能量，我歡喜的接受我自己的生命，歡喜的對我的使命投降，我不抗拒生命，我不抗拒我的命運，我對它投降，我信任我的生命要把我帶到最好的地方，我信任發生在我身上的每件事都是最好的，我信任所有這一切。」同樣的，我也希望各位信任自己的生命，不管它把你們帶到任何地方，透過信任，就會找到人生的方向。

求生的意志也天生在自然的每個元素裡，而如果你信任自己的自發性，如果信任自己，那麼「存在的意志」便經由你所有的活動而喜悅地釋放與表達，它也十分真實地洗掉沮喪和自殺的傾向。這就是賽斯心法，對生命的能量投降，不要再跟自己作對，跟著內在喜悅的方向走。

信任生命的自發性，正是這樣對自己生命能量的投降、這樣的接受、這樣的肯定，就不需要吃任何抗憂鬱劑，也十分真實地洗掉沮喪和自殺的傾向。容我補充一句，也會把身上所有的癌細胞沖掉，沖到哪裡？沖到馬桶、沖到臭水溝，把所有內在的毒素沖掉。信任生命用最大的智慧和愛帶領著我們，信任生命的自發性，我希望這樣的思想、這樣的概念，能轉變成大家的人生觀。

54-3

・糟糕的情緒就是要引導我們去找出糟糕的想法

>（《健康之道》第三九六頁倒數第五行）那些感受的確鼓勵意識的表達，並釋放否則可能會埋在緊張和恐懼下的直覺性資訊。

之前我們提到放下，有時候我們的邏輯、理性推演到一個地步，找不到解決之道時，最佳的策略就是放下，行到水窮處，坐看雲起時的放下。

所謂的放下是信任我們自己存在的自發性，信任生命的能量、權力及力量。這裡賽斯提到，每個人的內在都有直覺性的資訊，有時候，當我們太專注在問題上面，過於緊張、恐懼，反而會阻礙了內在直覺性的解決之道浮現。當我們的情緒過於緊繃，反而無法解決問題。

>這種了悟有它們自己生物上的效應，

所謂生物上的效應，就是有生理的效應，也會刺激身體所有的療癒屬性。就是我們講的身心靈健康第二個定律：身體有自我療癒的能力。我跟大家講，光是讀賽斯書本身，光是拼命想要理解賽斯說了些什麼，只要進入這個過程，其實也已經在刺激細胞自我療癒了。

剛才有位同學講，他只是不斷看書、聽CD，而且現在留職停薪，很悠閒，沒事就拿書起來抄，也不知道為什麼漸漸就改變了。有時候，書拿起來，不要覺得都看不懂，又闔上了，邏輯走不通的時候，直覺就出來了，因為內在有一個自己，會帶領著你讀得更深。

所有這些了悟都會帶來我們身心的自我療癒，也輕易地將心智推向「更高的」組織，在其中理解到，生命所有彷彿的不足都得到了彌補。這就是我在講的「完美中的不完美」，沒有人需要成為完美，沒有人需要成爲最好的，因為我們所有人都是完美中的不完美。縱使現在不完美，例如不會做家事，不會賺錢，很糟糕，很笨，可是不管覺得自己多糟糕，永遠都是完美中的不完美。

所以學賽斯心法，我告訴大家，不需要去成爲完美，因為每個人永遠是完美中的不完美，越承認自己，越接受自己，就越邁向個人的價值完成。所有生命中彷彿的不足，不會引起焦慮和恐慌，覺得自己不夠好沒關係，擔心什麼？總有一天會夠好，就算現在很糟糕，總有一天更糟糕也沒關係。

我常常跟個案講：「你有很糟糕的情緒。人都不喜歡糟糕的情緒，每天心煩意亂，跟人家起衝突。可是糟糕的情緒其實是偵探，為的是要帶你回去找你那很糟糕的想法。因此，如果一直處於糟糕的情緒裡面，問題不是糟糕的情緒，而是要去找到背後糟糕的想法。」

請各位把每個糟糕的想法列出來，就是有這麼多糟糕的想法，情緒才會糟糕，糟糕的情緒就是要引導大家去找出糟糕的想法。把每一個想法統統條列出來，再問自己：「信念創造實相，我真的要用這些糟糕的想法創造糟糕的情緒，讓自己過著糟糕的人生嗎？讓自己繼續有糟糕的人際互動嗎？」回去找那些所有糟糕的想法，就是糟糕的想法把自己蒙蔽了，請把這些糟糕的想法拋到一邊。

• 覺得自己是好人，通常身體會很好

不管體驗到任何糟糕的情緒都沒有關係。我希望在這邊直接幫大家建立起一種日常生活中的修行法門，比如說，現在發生糟糕的事，過著糟糕的人生，產生糟糕的情緒，立刻問自己：「這些東西是來自我哪一些糟糕的想法？」然後開始做選擇：「要繼續保有這些糟糕的想法，成為這些糟糕想法的擁護者嗎？如果每天都有糟糕的情

緒、糟糕的婚姻關係、糟糕的親子關係、糟糕的人生、糟糕的病，我要嗎？如果不要這些糟糕的人生，我要建立哪些不糟糕的想法？」

到最後會把思想玩得很高興，我打一個比喻，就像玩扯鈴，剛開始學扯鈴的人，真的是亂扯一通，一下子打到頭，一下子被棍子打到手，一下子掉在地上。可是等到越扯越好的時候，拋過來丟過去，螞蟻上樹，扯鈴在手中千變萬化，要玩出什麼花樣都可以。思想也是如此，以前頭腦都阻塞不通，現在要讓頭腦裡面的每個思想開始流動，以上述的媽媽為例，她可以思考：「這件事我一定要這樣想嗎？可不可以換個想法？這個人生我一定要這樣看嗎？小孩子到日本去，我明明知道他是在做糟糕的事，可是一定會糟糕嗎？縱使真的那麼糟糕了，一定學不到東西嗎？」

每個想法都可以有不一樣的觀點，縱使孩子的青少年時期過得很糟糕，可是媽媽只要告訴他：「孩子我愛你，我不希望你去做這件事，如果你真的要去，我尊重你的決定。有一天，如果你發現你的決定是錯的，我們永遠張開雙臂迎接你回來。」這些想法一定要出來，一旦想法不糟糕了，看到的世界就不糟糕了，創造的人生也不糟糕了。如果有糟糕的人生、糟糕的疾病、糟糕的情緒，趕快去找出自己有哪些糟糕的思想。我們就是實習神明，學習如何用信念創造我們所要的人生、所要的身體。

在《個人實相的本質》裡也有一句話，一般而言，覺得自己是好人，覺得自己很好的人，通常身體會很好。這句話很簡單，甚至不必管是不是真的很好，只要自己以為很好就好。覺得自己是很好的人，那麼全身上下億萬個細胞就會收到主人給的指令：「主人說他是好人，身為主人的細胞，我們當然是好細胞。」細胞會聽從主人下達的指令，所以健康真的不難。

生病的人請回去看自己，一定有某個方向、某個領域覺得自己不好，也許是不好的媽媽、不好的先生、不好的小孩、不好的老闆，一定有自己人工的罪惡感，對自己負向的批判。不是每天說好話、做好人、做好事就好，賽斯要大家去想，究竟是如何看待自己。

像很多得乳癌的同學常說：「我好盡責，每天都在追求完美，我試著當個好媽媽、好太太、好女兒，我試圖追求完美，人生每件事都盡力做到最好。」哪一種人會希望自己每件事都盡力做到最好？永遠覺得自己不夠好的人，所以我常拿自己開玩笑，我很希望把自己的人生做爛一點，因為我是這麼的好，不在某些地方做爛一點，我那麼好要做什麼？

當然這樣說有點開玩笑，可是我們要回到內心問我們對自己真正的看法，在各方面都努力要表現得很好的人，拚命想要做到最好的人，背後是一種什麼樣的動力？有時候他們是因為常常覺得自己不好，不夠好，如果不做得很好，就沒有存在的價值，這是一種內在的自我無價值感。

• 發生在身上的每件事，都有一個最重要的正面意義

我們在這邊學賽斯心法，就是要讓各位體會到存在的價值，因為我們存在天生就是好的、有價值的，所以自然而然是好的、是有價值的。因為being是好的、是有價值的，自然而然doing是好的、是有價值的。不是要大家什麼都不去做，也不是要大家不去價值完成，而是要去看看建立起來的是什麼樣的心態。

身體不好的人，不要自我欺騙說：「我什麼都很好啊！」請捫心自問，那些越覺得自己失敗的人，身體就越失敗。每個人都是全身細胞的一家之主，如果內在有一種很深的自我失敗感，覺得人生失敗了，投資失敗了，婚姻失敗了，教育孩子失敗了，請問身上億萬個細胞收到的感覺是什麼？「主人說失敗了，我們大家都失敗了。」

身為人類，我們常常容易覺得自己很失敗，這就是為什麼我們容易生病的原因。我一直在講，身心靈第一定律是：身體本來就應該是健康的。很多人問我：「為什麼

生病的人那麼多？」套用這個簡單的邏輯，因為太多人太容易在人生當中覺得自己失敗，不管是生理層面、心理層面、人生層面。所以在這裡，我們還是要先幫大家建立一個信念：「你永遠不會失敗，雖然你做的這件事可能會失敗，你的投資可能會失敗，可是失敗的是你的投資，不是你。」

我一直要大家對事不對人，在人生的道路上，這叫「保本投資」，意思是本金永遠不會失去。就算人生再怎麼失敗，教育再怎麼失敗，婚姻再怎麼失敗，統統沒關係，因為人生沒有失敗。從這個角度來講，我要幫大家建立真正的自我價值，可是又不是一種自大，也不是一種自我欺騙。

這向自己生命的權力及力量投降的感覺。這種投降我們之前講過，是對自己生命的力量投降，對依賴誕生出宇宙和我們自己，在大自然內卻超越大自然的偉大力量投降。比如說，我向宇宙投降：「宇宙啊，我投降了，我再也不跟自己做對了，再也不要用思想把自己害死了。我願意相信你、相信我自己、相信生命。」

我最近跟同學說，要相信發生在身上的每件事，不論是正面、負面、好事、壞事，都有一個最重要的正面意義。如果以身心靈的角度來看，人生發生的每件事都是好事。

我舉過一個例子，就是《阿甘正傳》裡面的上尉，在越南戰場上被炸斷雙腿。剛開始他被阿甘救出來時，每天都很氣阿甘：「你為什麼把我救出來？為什麼不讓我死在戰場上？死在戰場上我是個英雄，可是你把我救出來了，我失掉了雙腿，連一個男人都不是。」後來他成為退伍軍人，每天在酒吧裡酗酒、玩女人。

阿甘之前聽了黑人同袍的建議，買一艘捕蝦船，出海好幾趟只捕到破銅爛鐵。有一次這個上尉走投無路了，跑去找阿甘一起出海。那天狂風驟雨，上尉把捕蝦船開到海上去，跟上帝嗆聲：「你有什麼了不起！上帝你有種讓我在越南戰場上失去兩隻小腿，這次就有種再把我的命奪走。」

因為所有的捕蝦船都在漁港裡避風雨，結果都被暴風雨打爛，只剩下阿甘他們那一艘。從那天開始，阿甘的捕蝦船每天都豐收，後來上尉變成有錢人，還投資了蘋果電腦公司，阿甘收到損益表說：「上尉幫我投資農場種蘋果賺大錢。」阿甘以為是種蘋果賺大錢，其實是蘋果電腦。最後上尉娶了一個越南女人，有一次他跟阿甘說：「我從來沒有謝謝你救了我，現在真的要謝謝你。」

我舉這個故事為例，一個年輕有為的人，在戰場上失去兩隻小腿，夠悲慘吧？可是類似這樣的事件，在身心靈觀念裡面，都可以成為人生的正面意義，如果不是經過那個事件，他會是驕傲自大的混蛋，以軍人那種自以為是的心態活一輩子。從那件事之後，他學會感恩，人生更開闊了，他學會再站起來，學會了去感謝阿甘。

• 對過去生命中發生的每件事發出感恩的信念

我要用一種大家的理性幾乎無法瞭解的方式，甚至理性可能會罵我的方式說，每個人一生從小到大發生的每件事，都有一個美好的目的，連得癌症也有美好的目的。我希望給各位這樣的信心和希望，例如有位得到骨癌開刀的同學，生病後夫妻感情變好，從一個很執著、不講理、自以為對孩子好的媽媽，變成另外一個媽媽，懂得從孩子的立場來問孩子要的是什麼，而不是一直給孩子她要給的。

我要老實告訴大家，不只是生病，過去發生的每件不好的事，不管是離婚、外遇，任何狗屁倒灶的事，都有一個正面的意義。這是一個信念、是一個信仰，是對生命的相信。也許很多事現在還體會不到，像有一位同學離了婚，很孤獨，不知道誰要來愛她，我要跟她說：「那是因為妳還沒有再往前走一點，如果再往前走一點，再回頭看人生時，會像那個在戰場上失去雙腿的上尉，回來看當初那件事，幸好當初那件事讓我今天的人生可以走到這個境界，讓整個生命不一樣。」我還要大家對過去生命中發生的每件事發出感恩的信念，甚至小時候曾經被猥褻過，這樣的事都有正面的意義。

台中最近有個同學憂鬱症復發，因為爸爸的工廠整個被四舅盜賣，等爸爸發現時，整間工廠已經沒有了，很悲慘，對不對？理性絕對無法接受，可是我還是要告訴大家，這件事對他們整個家有一個正面的意義，因為這個家的愛一直沒有出來，過去都是以社會地位、賺錢、物質形象為基礎，真實的感受、真實的愛從來沒有出來。有時候物質失去了，精神才出來，我說的不是一種不切實際的觀點，而是在人生的道路上每天都會碰到的。只要懷抱這個信念：「任何發生在我人生的每件事，一定有正面的意義。」如此一來，心中的恨、不平衡會隨風而逝，會見證到一切萬有的慈悲。

我自己讀賽斯書以及幫那麼多個案以來，每天感覺到的是一切萬有的慈悲和愛。幸好我不是牧師或神父，否則振興基督教太有希望了，我每天感覺到真的是上帝的愛。每件發生在眾生身上的事，我們只是用邏輯思想去判斷好與壞，可是等回過頭，才知道要感恩當初那件事的發生，其實所有一切的發生都是慈悲的、充滿愛的。

這個世界真的是慈悲的，每件看起來似乎最不好的事，都有一個正面的意義。越相信就越看得到，因為信念創造實相，而且越能得到那件事對生命的正面影響。我們學了賽斯心法，過去人生發生的每件大小事，不管是好事還是壞事，都會變成提升生命的正面能量，過去的陰影都不是陰影，全是正面的提升能量。

第55講

55-1

‧學任何東西一定要用心，只要全心投入整個能量會不可思議

我常講，我不是要大家百分之百的信任我，而是希望大家做個實驗，試試看百分之百的信任三個月或半年會怎麼樣？這兩者不太一樣。如果說，我要大家百分之百的信任我講的和賽斯講的，這時會有一種理性上的反彈，因為大家過去的慣性和理性思考會矛盾、衝突。而我只是告訴大家，這段時間把自己所有的執著、觀念放下，把過去的認知都先放一邊，給自己一段空窗期，試著把我教的賽斯思想當作練習的指標，告訴自己：「我全心全意的相信，然後看看相信之後會發生什麼事？」

基本上，我們只是在做實驗，如果這段時間全心全意的相信，看看會如何？這一點也是讓我覺得有些傷腦筋的地方，因為有幾個肺癌的同學，連相信都很難，無法跨出那一步。

我發現接觸這個思想的同學，如果願意接受和改變，都進步得很快。可是一直游

移矛盾的同學，還在思考：「許醫師講得是對還是不對？有沒有道理？」那麼病情就沒有起色，像最近一個同學肺的部分轉移到骨頭了。

我不是要大家拋下身家性命，把戶口名簿、銀行密碼交給我，只是希望大家給自己一段空窗期，告訴自己：「如果這段時間我全心全意的相信，放下所有的執著，讓自己有個全新的機會去試試看。」請問這些相信的同學是得到了好處還是壞處？會損失什麼嗎？大不了是讓人家覺得你比較笨，因為比較輕易相信。

如果全心全意的相信，就會把這東西放在第一位，否則光是口頭上說說，要走賽斯心法這條路來醫好自己，那是不可能的。一個全心全意想以賽斯心法來幫助自己的人，卻從來沒上過一堂賽斯心法的課，可能嗎？

我舉這個例子是要說，一旦真的讓自己全心投入一個東西，那個能量會不可思議。只要全心投入一個東西，一心不亂，只有對的心情，沒有對的決定，只要這個東西不是殺人放火，不管方向是什麼，就算是一個全世界最爛的法門，都會產生不可思議的療效，這是因為堅定的信心幫了自己。

我講過一個笑話，有個修行人外出旅行，看到一間房子屋頂上紫氣衝天，就覺得那裡一定住著很厲害的修行人。他走過去問，發現是個老太婆，他問老太婆說：「妳是使什麼咒？為什麼唸到房子上面紫氣衝天？」結果老太婆說：「我每天都唸嗡嘛呢叭咪『牛』。」修行人說：「妳唸錯了，應該唸嗡嘛呢叭咪『吽』，不是唸『牛』。」

後來修行人離開老太婆家，老太婆想：「原來我以前唸這麼多年都唸錯了。」就趕快改唸嗡嘛呢叭咪『吽』。結果修行人離開再回頭看，紫氣統統沒有了，就覺得自己做錯事，趕快回來跟老太婆說：「其實妳唸嗡嘛呢叭咪『牛』才是對的。」所以重點不是那個發音，而是那顆心。我們幾個肺腺癌的同學，心沒有出來。

可是台南有位同學不一樣，他是從台南到高雄去上課，他快五十歲了，這輩子最遠是從台南到台北，沒有坐過飛機出過國，離開台南市的次數，用手數得出來。他是因為知道我們高雄才有課，就跑到高雄上課，對他來說，到高雄比很多人到大陸還要遠。他用這樣的心去投入，是那個專心、用心的問題。

學任何東西，一定要用心，用什麼樣的心來學身心靈觀念、來學賽斯心法，就會得到相對應的用心，越用心，整個人的狀態會不一樣。其實我也在勉勵同學，說實話，我賺不到一毛錢，這些不干我任何事，我真的是抱著一種期待、殷切的叮嚀。雖然我們在這邊談生死很豁達，但我還是不希望大家提早到另外一個世界去。

我也不強求大家一定要趕快覺得自己有力量，而是把一切先放下，告訴自己：

「我願意在這段時間裡，全心全意用這樣的思想當作我的核心信念，當作我生命的信仰觀念。」請給自己一段時間試試看。

我發現做了這個決定的同學，癌症幾乎不再復發，都產生奇蹟似的效果。像我自己走身心靈這條路，每個派別我都接觸，但是一定會找一個東西去一門深入，只有一門深入，才能夠博通百家，而不是涉獵很多東西，可是沒有真的去深入，這也是我對大家的期待。

55-2

‧越活在大自然當中，就可以找到蓬勃生氣的健康或經驗的必要知識

（《健康之道》第三九六頁倒數第二行）這向自己生命的權力及力量投降的感覺，意思是不再跟自己的生命作對，不再跟自己作對。並不會導致一個心智的隔離，反倒容許自己去感受每個人在一個宇宙的創造性戲劇裡扮演的角色。

宇宙是一場神聖的教育劇，如果對生命投降，會突然好像驀然回首，但見那人在燈火闌珊處，覺得踏破鐵鞋無覓處，得來全不費工夫，哈哈一笑，知道原來我會死，都是被自己的思想害死的，那麼傻做什麼？

退一步海闊天空，否則步步要進逼，例如孩子唸到高中要休學了，媽媽很痛苦：「不唸書了沒前途，無論如何都不能不唸，不唸書跟當乞丐有什麼兩樣？眼睜睜看你自毀前途，不如全家一起去死算了。」這樣要逼死誰呀？逼死自己也逼死孩子。有時候可以跟孩子說：「沒關係，想休息多久就休息多久。」等他休息了一年說：「媽

媽，我休息得很辛苦，想去唸書。」

婚姻危機、經濟壓力也是一樣，人常因為經濟壓力把自己逼死，可是真的是這樣嗎？我常講，再忍一忍，萬一明天世界末日，錢就不用還了，誰說不可能？雖然很阿Q，至少今天睡得很好。萬一明天世界末日，今天提前自殺，不是白自殺了。連這種想法都可以拿來墊底，人生多自在！只要想說：「再忍一忍，搞不好明天大家一起完蛋，不是只有我完蛋。」沒有必要用思想把自己逼死，最痛苦時，就要問自己：「誰在逼誰？」當下就可以從自己的思想困境當中解脫出來，因為我們都用思想、邏輯和理性，把自己捆綁得太緊了。

這樣一個瞭解往往無法訴諸言語。反之，這樣的瞭解是在「純知」的爆發，「純知」是純粹的覺知，直接知曉叫「direct knowing」，或突然的理解中被感知和經驗的，就是痛到了絕處才發現原來是自找罪受。自然世界本身是去其他實相的門戶。我們並不需要試圖遮掉物質世界，或我們平常的意識，以便達到導致蓬勃生氣的健康或經驗的必要知識。事實上，自然世界本身就是其他實相的一部分，而所有實相的源頭現在就在我們的存在裡，就如在任何其他的存在裡一樣。

有時候所有的問題都不用想，去看看山、看看海，看著海浪一個下午，比罵孩子罵一個下午，或是想破頭腦如何解決問題有用多了。光是看到那片大海，光是看到風吹著樹在搖晃，裡面都有宇宙的祕密，還有解決所有困難的祕密，真的不需要把自己逼到痛苦的境界。

如果醫生說：「你得到癌症第四期沒救了。」就去看海，看個五年、十年都還活得好好的，不要在那邊想：「我還能活多久？我要怎樣才能活下去？這裡會不會復發？那裡會不會痛？會怎麼死？」大家可真會想啊！想有什麼用？人都是被自己想死的，其實身體早就應該好起來，可是不斷用自己的思想把自己帶到那個實相去，所以大自然本身就是通往其他神祕宇宙的門戶。

答案就在當下，我們越在日常生活當中盡力的活，越活在大自然當中，就可以找到蓬勃生氣的健康或經驗的必要知識。我一直講，出世就是入世，入世就是出世，越以精神去過物質生活，越瞭解到最世俗的生活是最脫俗的生活。有些人以為在山上修行、出家生活是最不世俗的，這種想法錯了，要把入世生活過得好，可是過得好不是指執著在物質，而是認識到物質就是精神，精神就是物質，那麼入世就是出世，出世就是入世。

我媽媽常罵我說：「到底是誰出家？你不知道在忙什麼？哥哥人在美國，可是我對他的事瞭解得比對你還要多。」我哥哥出家當和尚，可是我的家人跟他之間通電話的頻率比我高，他在美國做了什麼、吃什麼、玩什麼、到哪裡去，我媽媽知道他的事比知道我的事還要多。

我舉這個例子是要跟大家講，不要老是抱著一個渴望說：「我離開我的家，是不是就可以得到平靜？」騙人的，哪裡會得到平靜？真正的平靜就是在吵吵鬧鬧當中，真正的愛就在親子之間、夫妻之間、人跟人之間，這個愛是世俗之愛，也是超脫之愛。我們就是要在世俗當中進到出世，沒有入世不可能出世，所有的物質世界都是從精神世界來的，真正的解脫之道就在生活當中。

• 學會越充分地活著，彷彿隱藏的「宇宙的神祕」就開始出現得越多

你學會越充分地活著，活得越淋漓盡致，那麼，彷彿隱藏的「宇宙的神祕」就開始出現得越多，這句話太有智慧了。什麼叫神通？神通就是做菜時，知道先生今晚喜歡吃什麼，這是一個很平凡的比喻，我的意思是說，就像賽斯這裡提到的，學會在生活當中，每天越開心的活，越活出價值，越活出愛自己、愛周遭的人，越充分的過每一天，越珍惜每一天的愛、每一天的歲月，越淋漓盡致的去活，那麼宇宙的神祕就開

始出現得越多。於是關於靈性又了悟得越多，就會越健康，越活得蓬勃生氣。

每個人都可以在目前的家庭、目前的人際關係裡得到這樣的一種明覺（illumination），這是一種心境上的超脫，而不是一定要離開痛苦的環境。宇宙真正的答案就在當下。我常告訴大家，宇宙的祕密不在經典當中，不在佛經、聖經、賽斯書裡，而是在當下的感覺裡面，越抓到當下的感覺，越充分的活在當下這一刻，所有宇宙的奧祕就慢慢呈現出來了。

宇宙的神祕並不見得以很大的喧囂或炫耀突顯出自己，但，突然之間，最無害的、無邪的鳥鳴，或一片葉子的景象，可能都透露出最深奧的知識。那麼，很諷刺的，許多企圖發現大自然「隱藏的」神祕的人，忽略了自然本身。忽略了一片葉子，忽略了一朵雲，或視肉體為令人噁心的，或不知怎地是由較差的振動組成的。

很多人都對肉體抱持著負面的觀點，追求靈性的人常把肉體視為不好的，例如貶低肉體的食慾、性慾，以為能夠產生性慾的身體算什麼好東西？結果肉體就被貶低為三級片，用看三級片的心情來看肉體，對自己的存在沒有真正的神聖和尊敬。

我說過，如果想要健康，首先就要認識到身體的神聖性，要開始把身體當作是由宇宙的活力所組成的高級品，而不是把身體視為噁心、振動比較低、差勁的臭皮囊。

之前教過大家要讚美肉體，告訴自己：「我有高貴的關節、充滿活力的肺、精緻的感官、有效率和美麗的器官。」每天讚頌身體，禮讚肉體的存在，信念創造實相，越給身體正面的能量投射，身體展現出來的就越好。我們一直要大家對身體發出一種高貴、正面的信念，越覺得身體很棒，越相信自己是很好的人，健康就越好。

我們每個人都曾經有失敗的地方，在很多地方也都可以再更好，回到剛剛講的，對事不對人，做得不夠好沒關係，只要記得：「我是一個夠好的人，因為我是來人間出差、旅遊、學習、考察兼玩耍的實習神明。」一旦把這個觀念牢記在心，就不會逼死自己。

比如說，我常跟爸爸開玩笑說：「我們有緣來當父子是不錯啊！我只是這一世來演你兒子，你來演我爸爸，雖然我是你生的，不要真的以為我是你兒子。這是人生玩耍的一部分，你可不要騎到我的頭上來，我們的本體都是從存有來的，你不要過度執著。」這樣的觀點出來，真正的愛才會出來，不然大家都玩得那麼嚴肅，彼此都沒有真正的喜悅和輕鬆。所以一定要把人生過得很輕鬆，如果人會死，都是被自己的思想害死的。

55-3

・自殺的人排斥他們自己的生命，不想被生下來

（《健康之道》第三九七頁第九行）可是，在自殺的例子裡，我們看到最劇烈相反的兩極。到一個很強的程度，這種人排斥他們自己的生命。這樣的人對自己的生命，基本上抱持的是一種排斥的心態，他並不接納。這裡我要大家去想，有些人是不是經常不接納自己、排斥自己？越不接納自己的人，等於越容易逼細胞去自殺，因為越排斥自己的人，越無法讓生理現象運作得很平順。

而自殺的人到一個很強的程度，是在排斥自己的生命，而往往包括一般的生活條件。許多人抗議說，他們首先就不想被生下來。我不知道在座同學回憶自己的過去時，有沒有起過這樣的念頭？例如：「當初為什麼被生到這個世界上來？為什麼要活著？如果沒有被生下來多好，就不會失戀、不會生意失敗、不會生病。」一般而言，越常起這些念頭，就表示越在排斥生命。

可怕的是，有這種想法的小孩和青少年越來越多，現在很多的小朋友遇到挫折、壓力、痛苦時，首先都會質問父母：「為什麼把我生到這個世界上來？」如果我問，在座有多少同學很高興自己當人的，很高興被生到這個世界上來，很高興來當你爸媽的小孩，來當你小孩的父母，很高興成爲你同事的同事，成為你老闆的下屬，成為你下屬的主管，我相信敢舉手的人不多，這就是一種對生命是否正面的態度。

像我常替我父母感到高興，他們有我這樣的小孩，我也常替自己高興，有我父母那樣的父母；我常替我們醫院的心理師和醫生高興，他們有這樣的長官，我也常替我們的院長高興，他有我這樣的主任；我常替各位高興，你們有我這樣的老師，我也常替我自己高興，有這麼多同學來學習。

我要說的是，你們有沒有相對應的感覺？如果沒有，就要去思考：「為什麼覺得很高興自己來當人、很高興自己來到地球、很高興自己有這種人生的人其實並不多。」很多人都在抱怨：「為什麼來當人？為什麼來當女人？為什麼要當媽媽？為什麼要賺錢？」有好多的為什麼，對於自己的活著沒有一種很高興、很榮耀的感覺。

我常常很高興我來這個世界當人，很高興出生在這個時代，很高興能來發展我的才能，很高興能來幫忙很多人。我希望大家用自己的方式找到類似的感覺，甚至希望大家都要感覺到很高興來這個地方上課，很高興能幫忙周遭每一個人，很高興自己有這個人生。而不是：「我幹嘛要有這個人生？我幹嘛要決定？我幹嘛要這樣那樣？人生有什麼意思？再給我選擇一次，我寧願當鳥都不來。」光這部分大家就要去深思，如果對生命抱持的負面觀點越多，只會越不快樂。

如果曾經很希望不要有這個人生的人，就是在潛意識裡面已經排斥自己的生命，排斥自己為什麼來到人間。不管各位過去多麼不喜歡自己的人生，我希望上完這堂課，都要在內心告訴自己：「我好高興我來當人，好高興能夠在這一世來到人間，好高興能來成長、學習、出差、旅遊兼玩耍，好高興在這一世能認識這麼多人。我真喜歡來當人，擁有肉身的感覺真好，如果沒有這個肉身，怎麼到這個世界上來成就這輩子的理想，來讓我自己開心，讓別人開心。我要感謝我的肉身，感謝我能夠在這個時代跟大家共襄盛舉。」越早開始對自己發出這種正面的心念會越快樂，而且如果這樣想，怎麼會找不到人生的意義？

• 越早開始喜歡自己的人生，人生就會過得越歡喜

剛才有同學分享，過去家境不好，於是她很高興自己可以來賺錢，以便開心過好

日子。當錢賺到了某一個程度，接下來呢？還會很高興有這個人生嗎？很高興還有明天、有後天嗎？有明天、有後天要做什麼？對我而言，我很高興我有明天、有後天，我很高興我有明年、有後年，因為有了這些時間，我更可以讓生命發光發熱，我很高興宇宙給我這麼多時間，每個片刻都是最珍貴的。可是也許有些人每天瞪著時鐘想：「八點到十二點我要幹嘛？十二點到下午四點我要幹嘛？晚上又睡不著，給我這麼多時間我要幹嘛？」一生都在擔心、煩惱當中度過。

像我的門診裡面有很多自律神經失調的人，我常跟他們說：「你有腦袋能思考，不是為了讓你大半輩子活在恐懼和擔心，你的腦汁不是為了這個目的而存在。人活著不是用來每天擔心、害怕什麼事會發生或不會發生，你這樣子太看低、看扁自己的生命了，生命是這麼光榮，每天都充滿了亮麗的可能性。」

我希望大家建立起這樣的人生觀，很高興能活著，很高興有肉身，很高興在這個時間、地點來到地球，為所有這一切慶祝。每天都在禮讚生命、慶祝生命，這才是一種真正的人生觀，否則每天活在抱怨、難過、傷心、擔心當中，又能怎麼樣？

我要大家從今天起、從當下開始喜歡自己的人生，不要擔心什麼時候復發，指數什麼時候上升，自己什麼時候會死掉，如果這樣，怎麼喜歡人生？請每天喜歡自己，喜歡自己來到人間每一天的日子，喜歡出現在身邊所有的人事物。越早開始喜歡你的人生，人生就越讓你歡喜。

很多人把自己的生活過得那麼苦，讓自己一天比一天難過，因為他們的心態根本就在排斥人生，從來沒喜歡自己來當人，對人生沒有好感，甚至看到其他人時，都覺得其他人沒有活出生命的光與熱，不是為五斗米折腰，就是苦哈哈、無奈又不得已，像蟲一樣在地上爬。其實他們看到的是誰？是自己。

我真的要跟大家說，從當下、從今天開始，全心全意喜歡人生，告訴自己：「我太高興來當人了，我好高興我的人生，我好高興我有明天、有後天、有明年、有後年。」發出這樣的心念，人生就會開始改變。

•時時提醒自己把心打開，回到童年合作性、遊戲性的冒險和愛的表達

許多人抗議說，他們首先就不想被生下來，而他們那樣感覺，因為已如此徹底的壓抑了內心求生的意志。他們也常表達一個強烈的與他們父母、朋友、家人、一般同胞疏離的感覺。一路上，他們已忘記童年合作性、遊戲性的冒險，而愛的表達本身變得極其困難。童年合作性就像是小朋友一起玩家家酒，許多小朋友天生會與別人合

作，小朋友最會交朋友了，請回憶起自己在童年時是怎麼交朋友的，學會像小朋友一樣去交朋友。

也許有些人在過去人生當中被騙、受過傷，可是現在大家都是大人了，如果去學會愛的表達，學會與別人童年合作性的那種感受，以及所謂人生遊戲性的冒險，我相信應該不會讓自己受到多大的傷害。所有這些精神都是最能夠讓各位身心健康，回到小孩子一樣對宇宙的信任、那種遊戲性的冒險、人跟人天生的一種合作性的精神，還有愛的表達。當我們逐漸長大，有時候就不再輕易信任人了，會認為很多人都有自己私人的目的。

尤其我在做親子治療時，成就感非常高，有些小朋友跟媽媽的關係不好，但只要媽媽的心態一改變，小朋友馬上改變，因為小朋友還能夠去信任別人，用這樣的相信來改變自己，可是成人常常有太多的防衛心態。所以賽斯不厭其煩的提醒我們，那種童年合作性、遊戲性的冒險以及愛的表達。

像我這次到花蓮去，有一位花蓮縣女縣議員跟我見過兩、三次面，她知道我們有時候會到花蓮辦活動，也知道我們希望能在花蓮做賽斯村幫助很多生病的人。她就說：「許醫師，我在壽豐鄉有一棟二層樓公寓，裡面有十四間學生套房，租給學生要管理很麻煩，如果你們要用就去用，不必給租金，水電費自己付就好。」

我不是花蓮人，沒辦法投票給她。我的意思是說，當我們用這樣的精神出去，人家也會用這種精神給我們。我常告訴大家，我遇到的人性都是最好的人性，我遇到的都是合作性的冒險，都是最棒的人，因為我對人沒有太多戒心，不會懷疑對方有什麼目的，甚至會有意的告訴自己：「我相信人性中的善，而且心中的善可以創造更大的善。」

後來我們去看那個地方，發現不必裝潢，人住進去就可以。也聽說她先生剛好在上個月口腔癌過世，所以她知道在這條路上，真的需要很多人彼此互助合作。我舉這個例子印證了賽斯說的童年合作性、遊戲性的冒險。後來我跟她表達感謝，她還問我說：「許醫師，我公寓旁邊還有一塊地，不知道你們需不需要？要不要租下來一起用？」我說沒問題，我請花蓮的同學評估看看。

我只是想說，大家現在所過的人生，不是唯一能過的人生，信念創造實相，一旦用一個好的信念，會開始讓周遭整個磁場都轉變，健康也是一樣，而且如果老是帶著人性是不好的，就會有批評不完的東西，心也不會快樂。

這裡提到，很多人生病的開始，都有一種跟周遭人疏離的感覺，因為某程度是把自己封閉起來。所以我常常告訴門診很多個案說，到中心來走一走，中心有志工、有老師，只要願意走出來，都會進步很多，因為走出來代表把心打開，整個宇宙的愛的能量自然就會進來，學會去表達、去信任、去合作性的冒險。

• 家庭成員一起加入治療，有助於提升諮商成效

不過，在此章裡所有的建議都的確能幫助破解那些習慣性的思考模式，而當這樣一個人在看一位治療師的話，如果整個家庭都加入治療，會是非常好的主意。我鼓勵大家，如果跟志工或諮商師談，要全家一起來，不要害怕他們會拒絕，這叫做合作性的冒險。

像我在門診裡面也常常這樣，邀請個案的配偶、小孩過來，就可以透過不同人的觀點看到不同的角度。比如說，我覺得某甲很可憐，等到他的家屬來了，才知道他有多可惡，我們常講，可憐之人必有可惡之處，可惡之人必有可憐之處。有時候光是認識這個人不夠，還要透過其他人的角度來看他，尤其是他最親近的人，因為有些人在外面是一個樣子，對待家人又是另一個樣子。

像有一次賽斯跟魯柏說：「你不要老是覺得媽媽跟你講的話很惡毒，其實你跟媽

媽說的話惡毒十倍。」有的媽媽不要老是覺得孩子講的話讓人很傷心，說不定自己跟孩子講的話，也不亞於孩子對她的傷害。有時候我們真的要透過最親近的人來看看自己，都不是自己所以為的那個樣子。

我們在聽別人講生命故事時，永遠要記得，他講的是以他的觀點出發的生命故事，沒有對錯。他在氣老闆、員工、家人為什麼這樣對他時，不要忘了聽聽看別人的說詞是什麼，如果能從更多的角度來看一個人，反而更能瞭解他和幫助他，尤其是家庭成員，常常家族治療一做，就很熱鬧，會開始吵架。如果可能的話，不管是任何身心疾病的治療，憂鬱症也好，癌症也好，一定要做家族治療。我常講，一個人生病不是一個人的事，是整個家都要成長學習，我也期待大家把全家人都帶來學習。

像之前台中有個同學長腦瘤，我跟他說：「你不要只是自己來，把爸爸媽媽一起帶來學習，他們成長了，就更能幫助你，也更能幫助他們自己。」於是他開始努力。有趣的是，後來他的媽媽得到憂鬱症，爸爸得到大腸癌，我不曉得為什麼會這樣，但是我早就跟他說，讓家人越早接觸越好。很多事後這樣的回顧，讓我覺得自己有預知能力，我總希望讓很多人在事情尚未發生之前，就開始學習和成長。

各位現在學這個東西，自己一定要獲益，自己得到了幫助再來幫助家人，在不要太勉強的前提下，讓家人也能接觸這樣的觀念。一旦整個家庭共同轉變，能量才會強，就不會回到家又被拉扯。我的確看到很多人紛紛開始接觸這樣的觀念，不管在碰到痛苦的當下還是在之前，都能有很好的幫助。

55-4

・即使當負面的想法以其最嚴重的形式展現時，仍有改善與實現的希望

在美國做心理治療很貴，我四年前到美國，聽到的是一小時大約新台幣五千元，沒錢的人做不起。說老實話，像我們在台灣這種團體真的很幸福。

（《健康之道》第三九七頁最後一行）往往這在財物上是不可能的，但將這樣一個人納入某種團體的情況裡，是個絕佳的程序。不只是這樣的團體，包括憂鬱症或其他疾病，我希望大家都來成長，光是接觸這樣的團體、來參與，就有很大的進步與幫助。我們在這邊做的，效果絕對不比一小時五千元的遜色。

在全都思慮過自殺的幾個人之間的溝通，也能建立一個極佳的支持情況，尤其是有一位治療師設定了一些指導時。並非所有可能自殺的人都會去貫徹，而許多結果都過著長而有生產力的生活，所以，即使當負面的想法以其最嚴重的形式展現時，仍有改善與實現的希望。這就是賽斯思想很棒的地方，縱使負面思想根深蒂固，都有改善

與實現的希望，不要輕言自我放棄，不要輕易對負面的思維方式投降。

在危害生命的病例裡，那同樣不幸的信念、感受與態度也以較少的程度，及以不同的混合呈現。不過，那些信念可能沒那麼容易觀察到，而許多人可能根本否認它們的存在。最後，它們往往被一個創傷性的生活情況觸發——一個配偶或父母的死亡、一個主要的失望，或任何令特定的涉入者震驚和心亂的經驗。如果沒有真的面對問題，一旦生活中發生一些事件，也會受到很重大的打擊。

在某些癌症、嚴重心臟問題，或其他實際上威脅生命本身的病例裡，這些態度常常在場。什麼態度？對生命排斥的態度，那些並沒有很高興來當人、抱怨自己為什麼過著鳥人生的人，今天回去請告訴父母：「感謝你們在那個月黑風高的晚上，天雷勾動地火，一時衝動就這麼有了我，否則怎麼會誕生我今天這美好的人生？」去感謝父母把我們生下來，給了我們肉身和此生的人生。光是去做這件事，都會激起很多不一樣的感覺，會讓鳥人生不要再鳥下去。

也許有一天真心感謝父母了，再告訴他們說：「爸爸媽媽，兩年前我對你們的感謝是假的，那是老師出的功課，可是經過這兩年，我終於發自內心的感謝了。」就像有個同學跟我說：「剛開始來這邊上課，聽許醫師說生病是一個生命的禮物，真的不能接受。」當下他的心情就是不想接受這種說法，他就是不覺得這是生命的禮物，只會想：「如果癌症是禮物的話，祝福你們全家人都得到這個禮物，每個人都發一份啊！」

最近他的心態改變了，他感受到癌症真的是一個禮物，不再只是頭腦接受，而是心裡也接受了。所以我們在這邊學的不是頭腦上知道，而是要身體力行去實踐，大家剛開始只要存一個念頭：「萬一是對的怎麼辦？」等到有一天體會到了，就會明白：「搞了半天，原來是對的。」

就像我講的每句話，同學要存著一個念頭：「萬一許醫師講的每句話都是對的怎麼辦？」只要存著這個念頭，有一天再回來看，會發現：「天哪！真的講的是對的。」可是那時候對的不是我，對的人是誰？是你自己，那時候才達到這樣的境界。

‧對個人信念的瞭解，及產生更新的、生物上更重要的信念，會改善病情

在這種例子裡，什麼例子？在某些癌症、嚴重心臟問題，或其他實際上威脅生命本身的病例裡，對個人信念的瞭解，一再告訴大家要去覺察信念，自我覺察，及產生更新的、生物上更重要的信念，顯然會改善情況，並有助於緩解狀況。

這就是修行法門了，第一個，去覺察自己的負面信念，到底有哪些信念把人生帶向悲慘？有哪些信念讓身體一直不好？有哪些信念讓日子一直過得痛苦？去找出這些信念。然後功夫來了，功夫下得深，鐵杵磨成繡花針，去植入、去灌輸、去說服自己，在這段時間內，我願意全然的相信、信仰這更新的、生物上更重要的信念。

哪些生物上更重要的信念？所有我們在課堂上講過的，包括剛才提到了一個：對自己人生的熱愛。如果缺乏對生命的肯定，細胞當然亂七八糟，接受自己的人生、接受這一輩子來當人的神聖使命，還有之前在《健康之道》第一〇一頁上過的生命法則。

我們現在這些生命法則是針對癌症、嚴重的心臟問題，還有其他實際上威脅生命本身的病例，請找出負面的信念，怎麼找？進團體、進讀書會裡面找，同學彼此互相找、請心靈輔導師找。植入生物上更新的、更重要的信念會改善情況，那麼要植入哪些信念呢？

（《健康之道》第一〇一頁最後一行）第一、我熱愛我的人生，我是個極好的生物，是我存在的宇宙裡的一個有價值的部分，我很高興這個世界有我，我也替這個世界所有人高興我來到這裡。像我自己，因為我發願要利己利人，所以很高興我來到這個世界，也覺得這個世界的人很有福氣，我為台灣人、美國人高興，也為萬物高興，因為我來了。

生命法則二，我的存在蓬勃生氣了生命的所有部分，正如我自己的存在也被其餘的造物所蓬勃生氣。我的生命讓這個世界更豐盛，而這個世界更豐盛，也讓我更豐盛，我生命的蓬勃生氣豐富了我周遭人的生命，我周遭人生命的蓬勃生氣也豐富了我。

生命法則三，對我而言，生長、發展及利用我自己的能力，是好的、自然的且安全的，而在如此做時，我也蓬勃生氣了生命所有其他的部分。比如說，我請甲同學開個英語會話班，是要他來表達自己的能力，或是請乙同學帶一個感覺基調的團體，訂好時間地點，大家來報名，專門做賽斯書裡的練習。我講過，感覺基調就是禪，練習感覺基調就是在入禪定，乙同學二話不說就決定來帶，這叫做發展、利用她的能力，是好的、自然的且安全的，因為在如此做時，她也蓬勃生氣了生命其他的部分。

可是有些同學的態度是：「你找別人，不要找我，我不想負責，我能力不夠。」我的意思不是要同學承擔什麼責任，因為這是一個合作性、遊戲性的冒險，不要把它當責任，而是當成遊戲，去做了，生命就有所不同。很多人需要的是真的去發展自己的能力。

像我們台南的同學進去開刀房，出來後醫生跟他太太講得很直接：「沒什麼好治療的，化療也是拖時間，你們可以準備後事了。」結果我們台中的主任跟這位同學說：「我們來辦攝影展，把你過去的攝影作品拿出來展覽。」這位同學進入臨終關懷，已經在使用嗎啡貼片，當他開始沒日沒夜地準備攝影展時，竟然發現不貼也太會痛，真的很神奇！

所以我常常跟大家說：「你要做就去做，不但要做，還要呼喚全宇宙的力量來幫助你，而且我們這邊所有的同學、志工團之間都會彼此支持。」大家要學習的生命態度就是先舉起手說：「是的，我要做，因為這是一個遊戲性的冒險，我要學著使用我的能力。」第二，呼喚宇宙的力量來幫忙。第三，必須落實在日常生活當中，開始尋求同學彼此間的互助合作。一旦越發展能力，人生就會越好、越光明燦爛。

- **《健康之道》就是在教大家如何呼喚宇宙的力量**

第四點，我永遠被我是其一部分的宇宙所護持，而我如此存在，不論那存在是否以肉身表達出來。我永遠活在宇宙恩寵當中，我是被宇宙護持的，因此，我可以召喚宇宙的力量，讓疾病好起來。我現在做很多事，都是直接召喚宇宙的力量，就像卡通片裡太空超人說：「萬能的天神，請賜與我神奇的力量。」還有七龍珠是呼喚神龍，阿拉丁神燈也是，很多卡通、神話都是在教大家如何呼喚宇宙的力量。

我們手上這本《健康之道》也是，就是在教大家如何呼喚宇宙的力量，因為當我們知道自己是被宇宙護持的一部分，請問宇宙會不會回應我們的呼求？會。相信自己是被宇宙護持的，即使肉身沒有了，都是一樣的有氣質、活潑可愛。

第五點，我天生就是個善良有價值的生物，而所有生命的元素和部分也都具有善的意圖。也許大家過去的觀念是覺得自己很邪惡、不中用、生存競爭、人沒有同情心，但是我們現在要來學習更新的、生物上有效的信念，什麼叫生物上有效的信念？就是越相信自己很健康、越相信自己是天生善良有價值的生物、越相信所有生命的元素和部分也都具有善的意圖，那麼就越能展現出快樂的身心，還有存在的價值。而越相信自己不中用，細胞就越不中用，越相信自己是壞人、是爛人，細胞就越壞越爛，越相信不能表達自己的能力，就越做不到。

很多人，尤其是華人，太容易退縮。像我在帶心靈輔導師也是一樣，我常跟他們說，大家要懷抱信心，「Just do it」，去做就行了，宇宙會提供力量。不去做永遠不行，不可能等到行了才去做。我常常用最大的信心鼓勵大家去展現能力，越展現就越相信自己做得到，時間是無限的，力量也是無限的，我希望幫助各位打破很多限制性的信念，打破許多覺得自己沒時間做、不能做、沒有能力做、沒有人幫忙做、不敢做，所有的信念統統打破。

像我最近也想找一位心靈輔導師來成立同性戀或愛滋病的團體，因為按照賽斯心法，愛滋病會好，不要以為我所學的只是針對癌症，癌症只是裡面的一小部分。我想來做愛滋病的團體，讓他們知道，原來得到的不是愛滋病毒，而是對身分感的絕望，尤其是出櫃時發現不能被其他人接納，越不被接納，就越絕望，覺得自己不正常，對自己的存在完全失去信心，就是這樣的一種絕望才讓愛滋病毒存在。而除非這個人找到活下去的信心和勇氣，否則任何抗愛滋病毒的藥都不會有用。

生命法則六，所有我的不完美，及其他生物的不完美，在我存在其中的宇宙之更大計劃裡，都得到了救贖。這就是我一直說的，一個人再怎麼不完美都是完美中的不完美，因為他的本質是完美的，他的過去是完美的，他將來的自己也是完美的。不管現在再怎麼覺得自己不夠好，都是完美中的不完美，越接受自己是完美中的不完美，越會放下自我批判及自我譴責。既會認識和接納自己的存在，又同時懷抱著一股信心，朝著變為（becoming）的方向前進，更找到自己本來的面目，讓人生過得更是自己想要的樣子。到那時候會更高興：「我好高興我是我自己，我好高興宇宙有我，也替宇宙感覺到有我真是宇宙的光榮與驕傲！」

我不知道同學在內心深處怎麼看自己，請捫心自問：「你會替這個世界高興，幸好這個世界有你嗎？還是你覺得自己只是米蟲？」越覺得自己不重要、不必要的人，會死得很慘！會被周遭的人當成透明人，然後再怪別人為什麼不看重自己、不接納自己，其實是自己先糟蹋自己。

請趕快改變心態，不管過去怎麼想，只要願意改變，當下就改變了。當下專心，發出強烈的信念給細胞，心裡默念：「我們是重要的，不是多餘的，我們是必要的，我們的生命是有價值的。有你真好，有我真好，讓我們一起攜手為人生奮鬥吧！」當下就來完成這個過程，一旦覺得自己是重要且不可替代的，自然會去做重要的事。

第56講

56-1

• 學習賽斯心法時，先把頭腦先放一邊，讓自己用「心」聽

請大家自我催眠，告訴自己：「我願意全心全意的把過去已知的東西先放到一邊，我願意在這段時間裡面，把所學到的身心靈觀念和賽斯思想當作是最重要的觀念，來思索、來走上這條路，看看會發生什麼。」

賽斯思想不是背下來當經典就有用，而是要去思索他為什麼這樣說，知其然而且知其所以然，知其所以然之後再去運用，透過運用又更深入知道他到底在說些什麼。不斷的運用、不斷的思索，像我上課也是一樣，我講了一句，同學不是只相信那一句，而是要想：「許醫師為什麼講這一句？為什麼這樣講？每一句話背後的道理又是什麼？」從一句話可以衍生出十句話，從一個道理去領悟一百個道理，就會覺得所有的連結都會建立超連結，開始融會貫通，然後運用在自己的生命，發現：「真的是這樣，真是好用。」如此一來，才會產生更大的信心。

我希望大家在聽這些課的時候，試著建立一種心態，把頭腦先放一邊，讓自己用「心」聽，因為我們要教大家的賽斯心法，不要用頭腦去過濾，不要用頭腦排斥掉。如果用頭腦去聽的話，這些東西達不到內心，達不到要達到的一種作用，等於只是在表層而已。

上課時，儘量把思想、分別、批判的那部分放一邊，用內心深處一種開放和接納的心情來聽，如果觸動到一些與過去理性的、不一致的地方，試著去想：「許醫師這樣說，賽斯這樣說，一定有他的意思，雖然我現在理性可能不能認同，可是這樣講一定有背後的涵義。」

不要以為賽斯講的每句話我都認同。我的批判能力、邏輯能力沒有比各位差，我也不會覺得賽斯講的每句話都很中聽，但是我對於越不中聽的內容，越會打問號，問自己：「我就不是這樣想，賽斯為什麼這樣講？既然賽斯這樣講，就表示他一定有更大的理由，我一定要知道他的理由是什麼。」每次我一知道賽斯的理由，就會發現，原來賽斯講的好像比較有道理。

因此，我是經過比較之後才認同的，而那個比較是我已經先存了一個念頭：「他這樣說，一定有他的道理。」我知道我原來的觀點是什麼，我知道現在賽斯說的觀點是什麼，藉由這樣進一步的探討，我就會抓出他背後要表達的意思到底是什麼，當我進入那個意思，有時候也幫我把自己的觀點擴大了。可是一般人在學一些東西時，很容易先認定自己是對的，一比對後，馬上就排斥、不接受了，因為那跟自己原來的認知不一樣。

• 唯有負面夠了，生命才會回到光明，恨出來夠了，身體就開始自我療癒

我常告訴大家，如果不夠黑暗之前，不要急著光明，因為真正的光明是要夠黑暗之後，才能光明。很多人以為所謂的光明是不去想痛苦的事，不能恨也不敢恨，最好也不要憤怒，尤其是肝病的人，中醫會說不要憤怒，以免加重病情。可是越不憤怒死得越快，很多人急著讓自己變得正面、開朗，從來沒有面對本來存在的黑暗面，如果不去面對黑暗面，不可能光明，如果不去承認心中還有一絲一毫的恨，不可能去愛，那都是自欺欺人。在我們這邊的修行，絕對不急著要大家趕快變光明，除非真的願意去承認、面對、接納內心的黑暗面。

那天有位同學到我門診來哭著說：「我一直以為我原諒了先生，不恨他了，沒想到我在身體最虛弱的時候，所有的恨都出來了。」那時候才是最真實的自己、最真實

的感受，因為平常好好的時候，理性都壓著，都掩蓋得好好的，就像我們身體看起來都好好的，裡面有滿肚子大便，要讓它出來。

如果心中有恨，不要急著愛，因為恨得還不夠，恨夠了，自然會回到愛。有時候我實在不想教大家什麼叫光明，我要教大家如何更黑暗一點，唯有不畏懼黑暗，才能超越黑暗，人在恐懼負面時，正面沒有力量。

很多同學說：「許醫師，我知道要往正面想、要積極、樂觀開朗、當一個無可救藥的樂觀主義者，可是我做不到啊！」為什麼做不到？因為有好多的負面、黑暗、沮喪、不信任還沒有全然面對，所以沒有整合自己內在黑暗面的光明是沒有力量的光明，沒有整合自己內在負面情緒的正面情緒是沒有力量的。

以得到癌症的同學為例，很多人用意志力在抗癌，但那只是在表面那一層，不會有用，必須去整合內在負面、黑暗的力量。我們這邊的抗癌心法不一樣，如果沒有面對自己有多想死、人生多痛苦之前，不要告訴我有多想活下去。那種嘴巴每天說「我要活下去」的人，有沒有活下去？不一定，嘴巴說要活下去，不一定活得下去。

像我剛才講肝病的人也是一樣，醫生會說：「你要心平氣和，不要生氣，要養肝。」這不是養肝，是養肝癌，結果肝癌越養越大顆，因為黑暗面沒有出來。我常講，假設我辦一個工作坊，要叫「黑暗工作坊」，我會要求所有的同學在那個工作坊裡，能多黑暗就多黑暗，能多負面就多負面，不管有多少憤怒，就再憤怒一點，有多少憂鬱，就再憂鬱一點，這叫做利空出盡，把內心所有負面的能量一次出清。

我不急著讓大家正面，反而要讓大家更負面一點。為什麼很多生病的人到心靈團體接受鼓勵、支持、撫慰、更多的愛，卻沒有活起來？因為當外面太多光明時，內心的黑暗反而出不來，當周遭的人都說：「你要光明和正面」，這時所有內在既不光明又不正面的負面能量，更不容易說出口。

這就是我對很多人的治療能夠有效的原因，我不會用我的光明讓他的黑暗出不來，因為我跟他一樣黑暗。但那是包含了光明的黑暗，整合了黑暗的光明，兩者沒有分別，不會對抗。

唯有負面夠了，生命才會自然而然回到光明，恨出來夠了，身體就開始自我療癒，根本不用治療，自動恢復健康。把內在的負面能量、悲觀的情緒，統統找出來，一次出清，心自然回到了光明，而且這個光明是一點都不勉強。

我最怕聽到生病的同學急著說：「我充滿了戰鬥力，我一定可以好起來，我充滿了求生的意志。」我會先冷笑三聲，不是這樣子的，在還沒有承認多想死之前，不要告訴我多想活，這句話是得到癌症的同學一定會好起來的關鍵！還沒有面對內心的黑暗面之前，這些光明和想活起來的念頭一點力量都沒有，就算周遭的人再加油打氣，給予再多的愛也不會有用，只有澈底面對了多想死之後，就能有多想活。

剛才有位同學一上來就鼓勵了好多人，不過大家千萬不要被這種人騙了，當她拼命去鼓勵很多人時，其實自己的內心最空虛、最渴望愛，有時候我們拼命給出去的，正是自己渴望得到的。我要跟這位同學說，第一，要承認自己是個多麼渴望得到愛和關心的人，千萬不要再用堅強的表象，只會去鼓勵別人，而是要去跟別人討愛，告訴別人來鼓勵自己。

雖然我們要大家去覺察到自己在討愛，但有時候我們卻要鼓勵大家明目張膽的去討愛，因為有些人基於自己內在的可憐，結果去跟別人討愛而不自知，但他們的內在非常需要得到愛和關心，這時候不要害羞，覺得好像跟自己平常老大姊的個性不符合，永遠都是主動去關心別人，給別人鼓勵，其實最需要被鼓勵的是自己，絕對不要忘記這一點。

56-2

・想自殺的人是覺得在私人生活中，沒有進一步發展、表達或成就的空間

（《健康之道》第四〇〇頁第三行）不管是憂鬱症還是自殺，或是某些癌症、嚴重的心臟問題，以及其他實際上威脅到生命本身的病例裡，都牽涉到這樣的一種心態。原想自殺的人的問題通常不是抑制的狂怒或憤怒的問題，真正自殺的根本，不是壓抑的憤怒，關鍵甚至也不是憂鬱，對於所有自殺的人或對生命絕望的人，真正的原因是，它反倒是一個人覺得，在他私人生活中，沒有進一步發展、表達，或成就的空間，或那些屬性本身是沒有意義的。

當一個人覺得整個生命再往前發展也好，表達也好，或成就的空間沒有了，就會對未來絕望。他會覺得不能改變現狀，未來也不可能有所突破，或者就算未來不一樣了，又有什麼意義？一旦產生這種心態，就已經在內心醞釀自我毀滅的想法。

不管是發生意外、生病死掉或壽終正寢的人，其實也都是為了同樣的原因離

開。賽斯講過，哪一天是一個人離開的時間？就是他覺得夠了，繼續留在人間已經沒有進一步的成長空間，沒有再往前發展的一種期望，這時就會做一種離開這一世的打算。

這類人在遭遇死亡之前，都有共同的心態，就是活著跟死了差別不大，好像現在死也沒什麼不可以，彷彿成熟的果子可以掉下來了，瓜熟蒂落。這樣的潛意識就會吸引實相，創造實相，要不是坐的飛機會掉下來，不然就是在家睡覺，天上的飛機會掉下來，種種看似意外的人生事件，其實都不是意外，而是被潛意識這樣一種心境吸引來的。

那些覺得人生到目前為止活夠了的人有兩種：一種是享受夠了，成就夠了，另一種是受夠了。有些人覺得這輩子要成就的是孩子長大了，等孩子長大就夠了，有些人是孩子進小學就夠了，有些人要等孩子生孫子才夠，有些人要五代同堂才夠，每個人對「夠」的定義不一樣。而有些人受很大的痛苦不會死，不會得癌症，有些人小小的挫折和痛苦就會，因為每個人對夠了的感覺不同。

另外一種是受夠了，覺得受夠了所活的這個鳥人生，我又不是鳥，為什麼要過這個鳥人生？為什麼所有的事情都是由別人決定？為什麼做不了主？而且這種不能作主是無能為力，一旦在內心吶喊著受夠了，不打算改變和反抗的時候，要嘛會吸引意外的死亡，要嘛會吸引重大的疾病，包括癌症在內。

剛剛提到，真正想自殺的人都不是因為所有那些痛苦，如果有一個我還沒受夠的想法，怎麼樣都不會死，而如果覺得夠了，接下來進一步發展的空間、表達和成就的機會沒有了，那麼底下就是要醞釀自殺的因子。

求生的意志已被先前提及的信念及態度顛覆了。哪些信念和態度？就是有些人會覺得所有的情況只會越糟，不會越好，這個世界只會一天比一天爛，不會一天比一天好。有很多年輕人看到成年人會覺得：「我才不要變成那種人類。」但又覺得自己無法走出另一條跟成年人不一樣的路。那些對人生抱持著悲觀態度的人，其實在很早的時候就已經放棄了求生的意志。

‧如果克服危機點，繞過不舒服的情境，疾病就會在轉眼間消失

有著威脅生命的疾病的人也常覺得，在他們生命的某一點，進一步的成長、發展或擴展，如果不是不可能的話，也是極難達成的。這句話一定要記住，尤其是得到癌症的同學。像有個同學還特別跑到明尼蘇達州練自救功，練了好幾個月，現在回來終

於第一次來上賽斯課。我發現很多同學之前專門介紹別人來，自己都不來，被介紹的人來了之後都好很多，結果自己沒來反而慘兮兮。

如果有重大疾病或是像癌症這類問題的人，要去認真思考：「癌細胞形成的那一天，就是我放棄和失望的那一天。我在那一天有了一個非常明確的感覺，就是我所期望的、想要的未來發展、進一步的成長和改變，如果不是不可能，就是幾乎達不到，我在那一天自我放棄了。」

有這種狀況的人，往往有著那人不知如何處理的複雜家庭關係。捲在剪不斷理還亂痛苦的家庭關係當中，奮鬥了很多年，直到有一天覺得算了吧！這時不是放下，而是放棄。放下和放棄都會讓人有鬆一口氣的感覺，但放棄是鬆完那一口氣之後，突然會覺得疲倦，心情往下沉。放下不一樣，心情是一種往上提升喜悅的感覺。放棄了之後是什麼都不想做了，放下之後是什麼都想去做。

例如有的媽媽會說：「許醫師，我不管我的孩子了。」不管有兩種，一種是不管之後，媽媽每天無精打采，什麼事都不想做，也不想跟孩子說話，不想叫他唸書，不想叫他不要上網。放棄是一種沉重的心情，而放下是一種輕鬆，請孩子自己照顧自己，爸爸媽媽要去好好過生活，突然多出很多時間，有很大的能量、精力，增加了學習的慾望，去做很多過去沒有嘗試過的事。

放下和放棄南轅北轍，很多人是老公外遇了，無法解決，整個人跟洩了氣的皮球一樣，提不起勁，那不叫放下，叫放棄，前者是輕鬆的，後者是沉重的。我們希望大家做到的是放下，退一步海闊天空，真的能把執著解開，告訴自己：「我幹嘛找自己的麻煩，生命如此開闊、如此美好，放過我自己，也是放過對方。」

剛才提到，這樣的人通常有一種很難處理的複雜家庭關係。對許多這樣的人而言，危機點來臨而被克服了。不知怎地這人學會繞過那不舒服的情境，或由於其他人的涉入，情況改變了——而轉眼間，疾病本身消失了。這就是我們這邊發生的事，危機點被繞過了，而不是開著車撞樹，倒車再撞一次，因為學會了轉彎——心境轉彎。

人如果會死，都是被自己的思想害死的，絕對不是別人害的。沒有所謂的世界末日，如果有很大的痛苦，一定是思想出錯了，被自己的思想帶到一個痛苦、無法解決的境界。但是賽斯一直提到，許多人克服了那個危機點，繞過去了，不用在那邊鑽牛角尖、想不通或生氣，沒什麼大不了的事，不必把自己卡死在那裡，真的有時候我們是一個念頭要不要轉過去。

如果學會繞過那個不舒服的情境，那麼情況改變了，轉眼之間，疾病會消失。

不過，在所有的例子裡，最重要的是價值完成。什麼叫價值完成？就是所謂的成長，我講過，要讓壞細胞成長，還是自己要成長？要讓血糖上升，還是快樂增加？自己選擇。

56-3

・只要癌細胞還在成長，就表示當事人沒有在學習和成長

之前有個糖尿病的同學，我跟她稍微談一下，發現她困在一段無奈的母女關係，媽媽很愛她，可是就像蠶在吐絲一樣，千絲萬縷，捆住了她的生命力。她想做自己，但怕媽媽傷心，不做自己，又很痛苦，多麼複雜的家庭關係！其實所有的身心痛苦都是來自親密關係的糾纏，在這個糾纏裡面，看不到出路，成長機會沒有了。

因此我們一直要把大家定義成是來追求身心靈成長，不是要去練什麼功，那些沒有用，只要開始追求身心靈成長，癌細胞就不成長了。可是現在的治療方式是三流的，把化學藥劑打下去，讓癌細胞硬壓著，利用化學藥劑阻止細胞分裂、阻止癌細胞複製，看起來癌細胞的生長好像受到壓抑了，但是頭髮有沒有掉？腸胃道的細胞有沒有受損？有，是在壓抑全身細胞。

我一直在講，如果要讓癌細胞不成長，一定要記住：「你成長，它就不成長，

它只要在成長，就表示你沒有在成長。」很簡單，只要癌細胞還在成長、還在復發、指數還在增加，就表示當事人沒有在成長。成長有各式各樣，學習新東西、心靈的開闊、觀念的擴展、增長視野等，只要願意開始成長，壞細胞一定開始停止生長，所有生命的難局、困境都會打開，過去碰到的挑戰，例如親子關係也好，夫妻關係也好，整個人生都可以突破。

不過，在所有的例子裡，價值完成、表達和創意的需要對生命是如此重要。任何方式的表達，包括口語、情感、意見，還有藝術的表達，畫畫也好，音樂也好，肢體也好。我們找老師來教大家跳現代舞和芭蕾舞不是沒有理由的，那也是一種肢體的表達，說不出來，起碼可以跳吧！不會講，唱給大家聽、演給大家看可以吧！創意的表達、思想的表達、情感的表達都是表達，而且我講過，如果一個人不表達，疾病就開始表達了，如果一個人的疾病還在表達，就表示他不表達。

• 與生俱來地，每個人的確瞭解有死後的生命

以致當價值完成、表達和創意的需要受到威脅時，生命本身至少暫時減弱了。與生俱來地，每個人的確瞭解，有死後的生命。我們所有的意識層面，唯一怕死的是自

我意識，裡面的潛意識常常都想找死，在內心深處每個人都知道有死後的生命，而在某些例子裡，這些人領悟到，的確是時候了，是搬到另一個實相層面，去經歷死亡而再次開始另一個全新世界的時候了。

很多人只看到老人家或生病的人那種死亡或想死的感覺，可是沒有去注意到，真正想要死的慾望背後是：「受夠了。」我剛剛講，受夠了有兩種：一種是苦受夠了，覺得自己不會成長，也不會改變了，另一種是人生成長夠了，該玩的、該吃的、該做的都夠了。這兩種人都會覺得的確是時候了，是搬到另一個實相層面，去經歷死亡而再次開始另一個全新世界的時候了。

我們在座的人，包括我在內，現在都活得好好的，可是有一天，我們都會面臨到這個時候，不是在物質世界消失的時候，而是時候到了，心裡也知道，該是搬到另一個世界的時候到了，而在我們這個世界，要經歷的過程叫做死亡。

我覺得以前的人說得很好，死亡不是死亡，叫「往生」，是往生到另一個世界，就像門一樣，門這一端是in，那一端是out，看起來是死亡，其實真正的意義是往生，到另一個全新的世界。我很早就說過，從我來到地球之後，就沒有打算活著離開，而且一直告訴大家，我們是來出差、旅遊、學習、考察兼玩耍，五個裡面玩耍最重要，失去了玩耍，其他都不重要了，這是最重要的人生觀，人生觀一錯，不但自己痛苦，全家都痛苦，因為本來人生就是一場神聖的遊戲教育劇，最重要的人生態度是什麼？遊戲性的態度。

舉例來說，有些暴食症個案跟我說：「許醫師，我已經連續吃瀉藥一個月了。」有時候我會說：「你的肛門一定很痛。」我一定會先關心他的肛門，拉肚子拉到後面很痛，我會安慰他的肛門：「有這樣的主人，真是難為你了。」有些會催吐的人，剛開始都用手挖喉嚨，後來他們跟我說，不用挖了，意念一來，馬上就吐出來。我說：「人的意念真是很厲害，你看，你都能用意念讓自己吐出來了，還有什麼事情做不到？」我馬上大力稱讚他一番，畢竟意念一起來就能讓自己吐出來，一般人做得到嗎？

遊戲性的心態真的是很重要的人生態度，對於很多想自殺的人也是。像我今天在跟實習心理師上課時說，想要自殺的人，是封鎖了未來所有的可能性，比如說，我在今天自殺了，就不會有明天的我，不會有後天的我，不會有大後天的我。一個自殺的人本來可以活那麼多年，可是他在今天把生命結束掉，瞬間讓未來都消失，這是了不起的能力！

既然他有辦法以如此劇烈的方式，讓自己從原本有未來扭轉到沒有未來，那麼還有什麼不能做的？難道不能再去做點小小的改變嗎？去改變一下狀況，去裝死，去離家出走也好，只要做一點小小的改變就可以，還不需要自殺吧！殺雞焉用牛刀。一自殺等於是把未來每一天的機會都剝奪了，只要在生命做點小小的改變，多想兩分鐘，就有許多的可能性在等著他。像電影《蝴蝶效應二》或是《命運好好玩》，都有一些類似的哲理在裡面。

•求死的欲望背後，存在著求生意志的所有活力

往往，生重病的人相當清楚地認出這種感受。什麼感受？他心裡某一個自己覺得時候到了，該到另外一個世界的時候到了，但這些人被教以不去談它們。不談就不對了，像很多子女很不應該，父母生重病時想交代後事，子女馬上轉頭就走：「你不要跟我講後事，你會活到一百歲，我們明天就出院了，你再講這些沮喪的事，我就跟你翻臉。」

一定要這樣嗎？請給長輩一些時間說一說，因為人在往生之前最重要的一件事就是交代後事，所有人都要慎重處理這件事，完成了這個過程才會心安，但不是交代完

了，他就會立刻死，而是不給他機會交代，會死不瞑目。如果一個年輕人說要交代後事，就讓他交代，交代個八年、十年，透過交代的過程當中，慢慢跟他對話、溝通，可以交代很多次，像很多媽媽平常交代孩子，不也都交代個十幾次嗎？可以交代出很多樂趣，交代出很多好玩的東西。

我的意思是說，假設親人到了那一天的時候，就讓他談，像我曾經遇過一個老人家，從小怕火，不要火葬，但是怕被嘲笑，不好意思說出來，結果得到憂鬱症來找我。孩子本來以為他老人痴呆，我跟他孩子談過幾次，孩子說：「現在火葬很安全，買地很貴，一塊地三、四十萬，不環保。」後來在診間所有的家屬終於知道爸爸怕火了。

我本身也是比較贊成火葬，但還是得尊重老人家，完成他的心願，一塊地三、四十萬，該買的還是得買，於是在診間大家談好了，老人家很高興，當場憂鬱症就好了。他來就是想透過醫生跟家人討論這些事，因為家人都不願意跟他討論，談完了之後，老人家都忘記要坐輪椅，直接走出去了。

很多時候，我們要跟生重病的人談，讓他有表達的機會。求死的慾望被某些宗教認做是懦弱、甚至邪惡的。搬出所有的大道理，說什麼螻蟻尚且偷生，何況是人，不可以想死。這裡不是鼓勵大家認同自殺和安樂死，而是要認真討論求死的慾望，像我不贊成安樂死，但是我尊重每個人內在有求死的慾望，要去瞭解、探討。

賽斯講，在最深的身心靈層面，然而在那願望背後，求死的慾望背後，存在著求生意志的所有活力，它也許已在尋找新的表達與意義的管道。那是發生在一個人認為在這個世界上表達與意義的管道不通了，所以產生求死的意志。求死的意志底下是他把所有的生命力轉到另一個世界去，這裡泛指所有的死亡，包括生病死的、壽終正寢的人。

我們以為年紀越大，體力越衰退，這種想法不對。很多快要死掉的人，看起來很老、很沒有能量，其實是他的能量已經轉移了，就像資產轉移了，叫做「脫產」。那些老人痴呆的人是精明幹練的自己已經脫產，到另一個層面開始佈局了。就像現在台灣很多的產業外移，是到別的地方佈局。生死也是一樣，哪一種人最快脫產？最怕死的人，而得到老年痴呆後，連自己是死是活都分不清楚，就不會怕死了。

每個人用不同的方式脫產，像我這種人的個性，做事不喜歡拖拖拉拉，不管買什麼東西一次付清，不喜歡貸款、分期付款，有些人死亡也是這樣。但是有些人就用分段方式，每天死一點點。如果從更深的角度來說，沒有真正的衰老，請大家放心，不必害怕年紀老，體力變不好、變醜、沒活力，以為整個人的青春、能量都沒有了，不會這樣的。人在這個世界的學習，只會能量越來越多，而老人看起來活動力降低、能量變少，是因為他已經開始脫產了，都不是靈魂的能量衰退，回去看到爸爸、媽媽，就跟他們說：「不要脫產得太快。」

一旦學到這些觀念，整個思想都會改變，這就是豁達，也就是剛才講的成長。所以我才會說，在這邊上課，癌症都會好，因為大家一邊上課，一邊成長，成長會讓人健康，感覺輕鬆了、擴大了、喜悅了，過去的觀念調整了，發現原來人生可以這麼開闊，這就是成長的感覺。

56-4

‧沒有人是疾病與病毒的受害者

（《健康之道》第四○一頁第一行）也有那些罹患一種嚴重的病——好比說心臟問題——的人，經由一次心臟移植手術，或其他醫學程序被治癒了，卻只成爲另一個彷彿無關的疾病——比如說癌症——的犧牲品。不過，如果親友們瞭解，涉及的個人並沒成為這疾病的「犧牲品」，而他並非普通所說的一個受害者的話，他們會鬆了一口氣。

光是這句話，就要讓這個世界多少人醒過來。全世界百分之九十九．九的人都會認為人是疾病的受害者，而我們在這邊學的不是這種觀念，如果把自己當作疾病的受害者，就會去找拯救者。那些把自己當成受害者的人，怎麼會有力量？只是在等死。

同學沒有學賽斯心法之前，是不是都認為人是可怕的ＳＡＲＳ病毒的受害者？是可怕的腸病毒、禽流感病毒、愛滋病毒的受害者？但真的是嗎？絕對不是。像愛滋病毒就是因為當事人的同志身分不被社會認可，無路可走，帶給自己和家人痛苦，才會成為絕望思想的受害者，根本沒有人是病毒的受害者。我一直在講，賽斯也一直在講，這個世界沒有任何一個人是疾病與病毒的受害者，如果要當受害者，請繼續去求高明偉大的醫生或外界的心靈導師來拯救。

在我們這裡每個人都是實習神明，終於認識到可以用自己的信念創造實相，知道這句話的人就正式成爲實習神明，不知道的人就是麻瓜，就是這句話，讓各位踏上了一條身心靈修行的不歸路。這個聲明是全面性的，想想看，如果一個人不覺得自己是婚姻的受害者，不是另一半外遇的受害者，不是疾病、病毒、命運、遺傳的受害者，這個世界會有多大的不同！

像有個同學之前在做一個東西，可以檢測每個人的DNA，看看是不是會得胰臟癌、糖尿病、紅斑性狼瘡，搞到後來什麼都不能吃，必須到山上吸空氣，幸好他遇到賽斯思想，否則以後在路上看到一個人揹氧氣筒就是他。人不是遺傳基因的受害者，這是整個賽斯思想推翻現代醫學最大的一個論點，如果這個論點不被推翻，所有人都會是奴隸，成為DNA的受害者、外在命運的受害者、病毒的受害者。

我們這邊不承認這件事，我們承認信念可以創造實相。到底是對還是不對，請大家把自己當成科學家，先試試看再說，在生命當中做實驗，每個人都是實習神明，每天的生活就是實習，學習用偉大的創造力創造實相。在我們這裡，沒有任何人是不知名的病毒的受害者，我們承認自己是創造者，這是全人類一定要走的一條道路。

・不要讓所愛的人在離開時寂寞的走

這並不是指，任何人有意識地決定去得這樣那樣的疾病，不是任何人有意識地決定讓自己得心臟病或癌症，比方說，今天一醒來，打算讓自己得癌症，不是這樣。但它的確是指，有些人本能地瞭解，他們自己個人的發展和完成，現在的確要求另一個新的存在架構。他的發展和完成已經要擴展到另外一個層面去，不認為在這個世界能繼續價值完成、發展與表達。

我之前講，夠了有兩種，一種是活夠了，一種是受夠了；一種是成長夠了，一種是痛苦夠了，覺得：「我再這樣痛苦下去有意義嗎？我受夠所有的痛苦了，受夠這一段關係了，受夠了這個家庭，受夠了每天過著這種悲哀的日子，我終於受夠了。」

有時候當人們知道他們將死，他們的內在已經做了離開這個時空的決定，卻因為害怕傷害所愛的人的感情，感覺無法跟所愛的人溝通時，就產生了很多的寂寞感。賽斯這裡是心理上很深的剖析，雖然我們盡力要讓大家去成長，快樂的活下去，縱使如此，每個人早晚都會死，所以當所愛的人面臨那一天時，我只有一個要求：不要讓他寂寞的走。

因為有時候，當一個人的內心做了轉移到另外一個空間的決定，會怕其他人傷心，他一說，旁邊的親朋好友就情緒崩潰大哭，叫他不要再說了，於是只好忍住而寂寞的走。我希望大家記住今天的課程內容，跟他談一談，即使聽了會傷心難過，也可以錄音或拿隻筆記錄下來，不要讓所愛的人在生命這樣的時刻，無法跟任何人分享這種感覺。

然而，另一種個人將過著長久而有生產力的生活，即使當他們肉體的活動力或健康是最嚴重地受損時。他們將仍覺得，自己還有事要做，或是被需要的——但他們存在的主要推力仍是住在物質宇宙內的。有些人就是死不掉，像九命怪貓，斷手斷腳就是沒死，為什麼？像以前杏林子全身癱瘓，還是堅強地活下去，日本也有一個五體不滿足，還有花蓮的無臂蛙王，沒有雙手，可是得蛙式冠軍。有一次我在花蓮上課時，他跑來自我介紹。

雖然這些人身體嚴重受損，可是覺得還有事要做，有人需要他們，這樣的人，主要的存在就是在物質宇宙內的。基於這個理由，我老是找事給各位做，現在瞭解我的苦心了嗎？但是我希望大家自己去找事做，不要去找死，最好做到那件事沒你不行，無可取代。

・個性越有彈性，人生就越寬廣，未來有越多的可能性

在賽斯思想裡，第一、過去、現在、未來同時存在，而且同時在變化，看過《蝴蝶效應》或《回到未來》的人明白我在說什麼，在《回到未來》裡，男主角跟著博士坐時空機穿梭到過去。第二、多重次元的存在不是單一的，而是像網狀一樣。

我問大家：「誰最清楚你從今天開始到未來十年的命運？」那就是十年後的你。十年後的你在哪裡？我希望喚醒大家活生生的想像力，把十年後的你想像成住在隔壁房間，就跟現在的你坐在這個房間裡一樣確實且實在，你沒有比他更真，他沒有比你更幻。只有我們的自我意識才活在時間的最表層，從潛意識、從存有來說，所有的時空都是同時存在，所以你存在於今天是真實的，他活在十年後的時空，跟你一樣真實。十年後的你在回憶這十年的生命時，有沒有滿意或不滿意的地方？

我再問大家：「誰最能幫助你改變往後十年的命運？」你和十年後的你，因為一

個走完了，一個正要開始走。我要大家做一個練習，如果十年後的你站在你面前，他要跟你說什麼？我以前在香港帶他們做另外一個練習：打三通電話給五年前的你，然後五年後的你就會打三通電話給你。在電話裡你要講哪三件事？比如說：「不准去跟某某人約會，妳會失身，然後嫁給他，開始五年的悲慘婚姻。」

如果十年後的你，要來今天告訴你，他想告訴你什麼？這個練習請同學回家做，因為這麼做的時候，十年後的你就正在發簡訊給你。我們手機的簡訊可以穿越空間，我們心靈的簡訊可以穿越時間，所以的確能收到十年後的你所發的簡訊，可是你必須知道自己收得到，否則就是亂碼。

同學會問：「有幾個十年後的自己？」想要幾個就有幾個，如果個性、頭腦越不能變通，數量就越少，很多頭腦僵化的人，未來的可能性就那幾條，一二三走不通，第四條就去死。如果個性越有彈性，人生越寬廣，未來還有很多的可能性，而且每個可能性都可以重新創造。例如十年後的你，縱使過了十年悲慘的歲月，發了簡訊給現在的你，但是只要開始改變你這十年的命運，他發完簡訊後，仍會因為你的改變而受益，從谷底往上爬。

我講的不是理論，每句話都是實情，如果各位活得久一點，將來的科學理論會完全證明這一點，因為這是事實。一旦越明白這件事情，就會覺得自己根本不是時空下被限制住的人，要有幾個時空，自己決定。這其實也是本世紀最偉大的哲學思想，人終於看到自己身為實習神明不可思議的創造力，原來所有的時空同時存在，而當下是威力之點，當下可以發簡訊給過去的自己，例如「千萬不要買這一支股票。」

我不是要大家懷著很大的分別心，認為一定要怎麼樣才算好，每一條人生道路都是活的，都是很棒的體會，重點在於想要怎麼創造？有時候我要做這個練習時有點困難，因為我覺得每個東西都很好，就算被騙，也覺得學到很多。我肯定我人生的每一條道路，對我來說，從來沒有一條人生道路是失敗的，可是這不表示不能去改變、去朝向更想要走的那條人生。

請隨自己的愛好來選擇要哪一個練習，一個是電話，打三通電話給五年前的自己，就會收到從五年後的自己打過來的三通電話。另一個是想像十年後的你在隔壁，或出現在眼前，他要跟你說什麼？也許是：「孩子，我是你未來的自己，我跟你保證，你的未來一切都很好，沒什麼好擔心。」

第57講

57-1

・真正要餵養肉體的不是健康食品，而是正面的能量和信念

我們在學身心靈或是如何讓身心健康的觀念時，最後都是涉及人生觀的改變。舉例來說，《健康之道》提到，任何一個人的健康，跟原生家庭裡每個人對健康的信念有關，也就是爸爸、媽媽、爺爺、奶奶、外公、外婆等，所有的親人朋友怎麼看待健康。究竟他們是相信人天生就是健康的，還是抱著負面、緊張、擔心的信念。

請各位回去做個調查、覺察和省思，了解父母、兄弟姐妹對於健康的看法是什麼？比如說，等一下賽斯在《健康之道》會講到，如果天生相信身體不夠好，對身體沒有信心，就算吃很多無農藥、有機、不含塑化劑的食物也沒有用。

他還提到，我們擁有最有效率且美麗的肉體器官，大家有沒有稱讚自己的腸子好高貴？肺臟好典雅？心臟如此小巧精美？有沒有這樣去看待肉體器官？常常讚美它，給它正面的信念，還是常常在想：「我的心臟冠狀動脈有沒有阻塞？我的肝有

沒有脂肪肝？我的肺有沒有肺結核、肺腫瘤？我的腸子有沒有息肉？我的胃有沒有胃酸過多？」

這就是現代很多人對肉體所抱持的負面信念，不是用正向、高貴、具有生氣、精美的形容詞來形容肉體。真正要餵養肉體的不是那些有機飲食、健康食品，而是正面的能量和信念，這句話請記得。多數人學的健康知識都是皮毛和表象，沒有治本。

關於健康的信念，最後是要回歸人生觀。之前有個乳癌患者來看我的門診，我問她的家庭、婚姻狀況，跟她說：「如果妳希望癌症可以透過身心靈療癒，那麼妳第一個要面對生命許多的無奈和無力感；第二，妳能不能在人生當中做主？」後來這個個案說，她覺得無奈和無力感都好了，她的人生可以做主。

我聽她這樣講，跟她說：「妳現在是乳癌第四期，做化療做到頭髮掉光了，整個人都瘦下來，下一步打算怎麼走？」她說打從內心深處不想再接受化療，因為一路做到現在覺得沒有改善，但是接下來可能還是會繼續做吧！我就問她：「妳說化療對妳沒什麼幫助，做下去很痛苦，也不相信化療能幫上忙，為什麼還要繼續做？」

她說：「許醫師，可是我先生、周遭的親友都叫我要繼續做下去。」我聽了差點從椅子上跌下來。我說：「一分鐘以前，妳說妳能在人生當中做主，下一分鐘妳告訴我，不相信化療，也做到極致做不動了，可是竟然連不做下去的選擇權都沒有，這叫做能在人生當中做主嗎？」

我正式跟她宣布：「妳不會好。」那些來找我做心理治療、來跟許醫師對話的人，回答的每一句話如果沒有經過深思熟慮，就不可能會好，為什麼？我跟她說：「許醫師不是叫妳不要去做治療，而是妳不想去，卻沒有能力不去。身體是誰的？妳的，妳的身體妳都做不了主，妳認為我會相信妳的人生妳能做主嗎？妳一句話就道盡了妳一輩子的命運，妳一直以為能做自己，可是從頭到尾妳都是考慮別人的意見，甚至是順應別人，還順應得很高興。可是我一個問題就把妳打回原形，妳要認清，其實妳自己不能做主。我不是要妳做A或做B，而是在內心最深的層面，妳連要做A或做B都不能為自己做主，身體遇到這個主人，妳覺得會自我療癒嗎？當然不會。」

• 只要參考別人怎麼看，而不是在乎別人怎麼看

學賽斯心法時，到某些階段可能會有一些離經叛道的想法，這些想法這輩子也許曾經想過，也許沒有想過。現在我要來跟大家分享，因為這些所謂離經叛道的想法，跟是否會健康有關。第一個，我最近一直在想所謂的教育，目前全世界教育的本質是

錯的且偏差的，我說的教育是家庭教育、學校教育，現在主流社會裡大家認為的教育，小孩子從幼稚園、小學、國中、高中、大學，本質上是偏差的。

我來慢慢解釋原因，大家就會一步一步的明白。我要問的是，我們現在所有教育的本質，是不是教導一個小朋友要得到師長的認可才是好的小朋友？我們是不是教導一個人要得到社會的認可、要符合社會的眼光和角度？請問我們有沒有教導小朋友找回真正的自己？找回自己的獨特性？教他們只要不是殺人放火，不是做一件錯的事情，其實不需要在乎別人的眼光。

我們經常被教導要在乎別人的看法，就像以前我爸媽說：「你自己說你好都不算數，要別人說你好才算數，你認為自己是好學生都不算數，老師說你好才有用。」所有的老師灌輸給學生的觀念都是向外求，要學生去做出符合社會認可的好的標準，我們都在求好，所以所有的人都被給予了所謂的奴性。奴性到後來，演變成追求身心靈時才赫然發現：「原來我好在乎人家怎麼看我，我好在乎人家覺得我是不是好媳婦、好員工、好人？」

老實說，如果很在乎人家的看法，從今天起就不要再讀賽斯書、不要再學身心靈了，因為學了沒有用。要進入身心靈，一定要準備當黑羊、準備離經叛道、準備不在乎別人怎麼看我，但是我這樣說，不是要大家去殺人放火，不要誤會。

一路以來，我們的教育是錯的，從頭到尾都沒有教我們認識自己的本質，去找到我們是誰，教我們要跟隨內在的聲音，甚至應該去離經叛道。因為整個東方的教育，包括台灣的教育，一直活在社會的角度和眼光，不能展現真實的脾氣、真實的自己。我們在乎父母的眼光、在乎左鄰右舍的眼光，今天鄰居說你怎樣，就覺得必須怎樣。

我要給各位一個健康的概念：我希望從今天起，只要參考別人怎麼看，而不是在乎別人怎麼看。今天如果我在乎人家怎麼看我，就不會走賽斯這條路，也不會去推廣賽斯心法，因為我知道我牴觸了多少人的觀念。光是講教育制度，已經得罪一片教育界的人，但是我敢不敢得罪？敢，因為我說的是對的。

所有教育的理念從本質上來講是錯的，現在學生才會變得討厭上學，學校裡只有考試、只有比較、只有競爭。我們的教育應該是讓一個人越學越快樂，就像我們這邊所有的學員，來這邊不是被人逼，而是自願來學習。教育的本質必須呼應每個人的快樂學習，讓每個人去找到真實的自己，而不是讓我們不斷的去在乎人家的眼光，建立起一套所謂標準的價值觀。

什麼叫標準價值觀？老師眼中的好學生就是好的。以前老師眼中的好學生只有一個標準：功課好就是好學生，我相信現在大概也是如此，可是今天大家進入身心靈，我講一句實話，功課好就是好學生嗎？賺錢多就是好人嗎？整個社會充滿了扭曲的價值觀，讓我們以符合社會的角度來看自己，來做為我們的價值觀。有些人還特別去蒐集別人對自己的負面觀點，讓自己聽了不開心，這樣累不累啊？

• 追求身心靈的基本心態就是要離經叛道

追求身心靈的基本心態就是要離經叛道，不要覺得去跟朋友、大學教授、知識份子講賽斯心法，對方立刻會接受，我不預設他一定會接受，但是接不接受是他家的事，我從來不在乎他怎麼看我，一旦我不在乎，就自在解脫了。越在乎人家怎麼看，永遠不可能找到自己，因為做一件事，怎麼可能去在乎所有人怎麼看？想討好每個人，需要每個人心中覺得我很棒，這樣會活得很累、會得癌症。

我進入賽斯之後，早就放棄這件事了，那天我還跟學員說，孫中山當年做了什麼事？推翻滿清，建立民國，革命是殺頭的事，他會期待人人都認同嗎？多少人要置他於死地，包括當時的知識份子寧願君主立憲，也不要民主制度，反對他的聲音多不多？多，他做不做？做。我希望每個人都要有離經叛道的勇氣，但不是要去革命做壞事，而是請找回自己。如果沒有這個準備，就不要走賽斯這條路了。

我希望幫所有人瓦解最根本的人生觀，告訴自己：「我從今開始不再討好任何人，不再預設人家是喜歡我的，就算討厭我也是他家的事。」能做到這一點，就表示可以很自在，不必怕人家用不好的角度看自己，也不怕跟別人起衝突。想要討好每個人，希望每個人都說我好，就是最大的迷失，一定要從周遭所有的標準、從權威手上拿回自己的力量。

我甚至告訴學員說：「許醫師希望你從今天開始，沒有什麼東西是好的，你再也沒有求好心切的『求好』這兩個字，因為有好就有壞，有求好心切就有所謂的標準，有了標準就有了分別，你應該要有的心態是Just do it，我就是做我想做的事、我喜歡做的事、或某些我責任範圍內該做的事，連把事情做好的這個意念都沒有了。」

比如說我今天來上課，場地費捐給基金會，講師費我一毛都沒拿，請問我會不會全力以赴？當然會，可是我全力以赴是為了把它做好嗎？不是，我做我最喜歡做的事，我用我最大的誠意，心中沒有好或壞的概念。「你覺得我好是你的事，你覺得我壞那也是你的事，干我什麼事？」我希望大家經常把這句話放在心裡。

我們從小到大的教育讓我們找不到自己，喪失自信心，因為我們沒有符合人家認定的社會標準。所有的小學老師教我們要去改變自己，去適應別人，得到別人的認同，因此我們會跟權威有這麼多複雜的關係，希望人家認可我們、贊同我們、肯定我們，請告訴自己：「我再也不要別人認可我了，我再也不要別人肯定我了，我再也不要別人讚美我了。」無欲則剛。

我也常講，很多媳婦婚後希望討好公婆，討好了一、二十年，結果得到什麼？癌症。一旦抱著要去討好別人的心意，就已經討好不了，因為對方會知道妳為什麼要討好我？一定是做不好才要討好我。所以一嫁進去，就做該做的，平等相互尊重，你對我好，我就對你好，你對我不好，我也不見得要逆來順受，反而會得到人家的尊重。

如果同學很在乎別人的看法，一定要改變，不要活在人家的看法，一輩子向外求，向外求不得見自性如來。為什麼要人家認同我了，我才可以是對的？為什麼做人生的決定時，人家說我對，我才可以是對的?請把這一切拿掉，這是真正的賽斯心法。

・開始找回主權，父母說的話不見得要照單全收

我最近還有第二個非常離經叛道的想法，過去普遍認為對長輩和父母要盡孝道，我今天正式宣布：孝道是錯的，孝順是錯的。我來解釋一下為什麼孝順是錯的，因為

孝順代表父母說的話，不論對錯都要聽，父母做的事，不管對錯都不能忤逆。我說到這裡，請問孝順是對的還是錯的？錯的，孝順的本質是錯的。

可是傳統五千年來，儒家的禮教、很多的社會制度，把我們層層壓住了，不管父母做對做錯，說對說錯，都要順從，不能違逆，這是在助紂為虐。可是千萬不要誤會，我絕對沒有說不要愛父母，愛父母沒有錯，我們必須跟父母愛的互助合作，你對我好，我對你好，我想對你好，你想對我好，但我們跟父母的關係必須建立在平等尊重的基礎，在過去沒有平等尊重。

舉例來說，我曾經輔導一個個案跟我說：「許醫師，從國一到國三，爸爸性侵我三年。」她現在還必須每個月拿錢回娘家去，跟父母請安，她說她快瘋了。我跟她說：「妳必須回去跟爸爸大吵一架，把這件事說出來，問他那三年做的事情對不對？有沒有傷害過女兒？他知道女兒這輩子因為這件事有多痛苦嗎？」

當她這樣回去質問爸爸，表示不愛爸爸嗎？不是，這個東西如果沒有講清楚說明白，她不可能原諒爸爸。她甚至說想回去跟爸爸同歸於盡，為什麼？因為她一直把痛苦壓在心裡面，沒有好好說清楚，如果她跟爸爸說了，爸爸痛哭流涕：「女兒，對不起，我錯了。」那麼她才會發自內心原諒他，這時回去看爸媽，就是真正出於愛，而不是必須孝順。

人沒有必須孝順，賽斯心法說的是真正內在的愛，我們跟長輩是平起平坐，因為我們跟萬物是平等的，所以跟父母是平等的，可是必須互相尊重。我們跟父母都是來自一切萬有，父母養育我們、教育我們，有他們的恩德，但有恩德不代表他們說的話都必須聽，如果現在還有這種觀念，就麻煩了。

父母說的話都是對的嗎？父母是完人、是聖人嗎？如果認為父母說的話必須要聽，那是在助紂為虐，就算是耶穌、佛陀說的話，也不一定要聽，因為我是我自己，只需要將他們的話列入重大參考。誰說看到師父要下跪？胡說，每個人心中皆有佛性，人是互相尊重，很多傳統的信念出問題了。

父母說的話，孩子要用自己的判斷，也要幫助他們成長。所以我們跟父母、公婆平起平坐，這不代表不尊敬他們，像我跟父母互動時很尊重他們，很愛他們，雖然我常常吐他們的槽，洩他們的底，互相漏氣求進步。但絕對不是他們說我必須這樣做，我就得照做，我的人生是我的，如果他們叫我做的是我不認同的事，那我做了之後會恨他們，這就是很多親子糾葛的開始。

因此，父母在教育孩子時，一定要知道，當孩子慢慢能自我判斷、有自己的價值觀，這時給孩子的一切都是讓他當參考。很多父母之所以當得那麼痛苦，是因為自認為給孩子的觀念都是對的，還永遠認為孩子必須聽話，因為這是為他好。全天下最可怕的那句話就是「我為你好」，通常下一句話是剝奪對方的自由意志：「我為你好，所以你要聽我的。」

我今天跟各位說，孩子跟父母平起平坐，父母說的話不一定都是對的，既然不一定是對的，為什麼覺得孩子應該都要聽？請大家把過去傳統的孝順拿掉，開始找回主權，父母說的要當作重要參考，彼此尊重，愛的能量交流是對的，但長輩說的不見得要照單全收，我也不是要大家一天到晚跟長輩起衝突，只要婉轉地表達自己的想法，可以說：「謝謝你給的寶貴意見，我尊重你的意見，但是我不一定會按照你的意見。」唯有如此，才會真正的解脫。

• 得癌症的人是為了能達成優質的叛逆，以便找回自己的力量

我之所以跟大家講這番話，其實是深有所感，因為我常輔導生病的人，尤其是得到癌症的人。我最近跟一個癌友說：「因為你一直都想要當好人。」所謂的好人就是不發脾氣，如果不是見山是山，見山不是山，到最後見山又是山的好脾氣，那麼完蛋

了。因為所有人的本質都是壞脾氣的，我搶走某甲的東西，他的第一個反應是什麼？憤怒，人覺得自己沒有錯，而被他人侵犯傷害時，第一個反應是憤怒，憤怒有沒有錯？沒有，一旦阻擋了憤怒，就等著倒大楣，這叫做自然的攻擊性。賽斯心法一直在講，當自然的攻擊性受到阻礙，會變成疾病，因為身為一個人的基本權利被侵犯了，安全領域被攻擊了，這時生氣是對的且合法的，我沒有做錯事，為什麼要讓你？

很多人從小認為自己要當好人，可是這個好的定義就害死人，當好人不能發脾氣，不能計較，很多東西要去順從別人的想法，委屈自己，這是不對的，根本是在等死，因為一直想要符合所謂價值標準的好，表象的好，內心卻不是這樣。

越想當一個人家眼中的好人，身上就會出現壞細胞，什麼叫壞細胞？癌細胞，而且從小越沒有叛逆過的人，最後身上會出現很叛逆的細胞，很叛逆的細胞叫什麼？癌細胞。癌細胞夠不夠叛逆？夠，第一、吸取營養；第二、不斷長大；第三、轉移；第四、流血、疼痛，侵犯身體所有正常的功能。它為什麼這麼叛逆？因為該叛逆的人不叛逆，所以不該叛逆的細胞去叛逆了。

所有得癌症的人，是為了能達成優質的叛逆。這種優質的叛逆是為了健康、為了喜悅，所有的衝突是為了和諧，為了更大的愛，為了找回自己的力量，找回跟別人愛的互助合作。只要找回優質的叛逆，癌症就會好，因為叛逆能量被當事人拿回來了。

大家會發現，所有得癌症的人都有一股很強的力道，想做自己，可是永遠做不了自己，一輩子可能是為了責任、為了壓力、為了人云亦云，「每個人都這樣做，我跟著做，怎麼會有問題？」這些人一輩子循規蹈矩，從來沒想過要怎麼做自己，因為他們沒有叛逆過。可是沒有叛逆的底下想不想叛逆？非常想，只是叛逆能量從沒有出來。

我不希望同學未來得癌症，因此請從今天開始，拒絕當好人，那要當什麼人？當人就好，當人老老實實的回歸自己，到後來自然會是好人，但不能為了當好人而當好人，兩者完全不一樣。前者是我做我自己，順著內心愛的衝動、利他的衝動，跟著內心的本質、內心的信望愛、內心的真善美，不是為了要當好人得到人家稱讚而做這件事，於是到最後就會變成好人。

很多人把第三階段的見山又是山拿到第一階段來用，其實不對，要進入第三階段，得先經過第二階段，第二階段是你不認同我是你的事，我也不想要當好人，也不想要討好你，我就是我自己，這叫第二階段。不管是癌友或是擔心未來生病的人，請放下擔憂，只要找回自己的力量就沒問題。

57-2

・糖尿病最核心的關鍵是面對生命時有一種無力感

我來分享一位滿棒的同學，年紀比我小一點，五年前被診斷糖尿病，這幾年一直在服用降血糖的藥物。後來他接觸賽斯思想和身心靈的觀念，首先去找到底生命中的不快樂在哪裡？怎麼樣才能展現出生命的熱情？我在《用心醫病》裡提到，糖尿病的本質在於這個人對生命的熱情無法展現，所以熱情被封存在血液當中。事實上，糖尿病最重要的治療不是飲食控制，也不是藥物控制，這些治療治標不治本，基本上只是在控制。

目前的醫學，對於疾病的治療如果還停留在提供控制的藥，就表示尚未找到這個病真正的病因，得了高血壓，有沒有吃會治好高血壓的藥？沒有。O型肝炎有沒有吃哪一種藥會好的？沒有。糖尿病吃哪種藥會治癒？沒有。翻開醫學教科書，幾乎有百分之九十以上的病，醫學不知道怎麼來，只能治標不能治本，糖尿病也是其中之一，所以藥物只能控制血糖，不能夠治癒，飲食也是一樣。

我們的同學接觸這樣的觀念，就描述他是怎麼得糖尿病的。他是一個高科技人才，從五年前開始，每天早上起床的第一件事，是希望天不要亮，今天可不可以不要上班？他的收入其實很高，一個月八、九萬，可是他不喜歡這份工作，也不喜歡每天過的生活。

後來他做了一個改變，跟公司申請留職停薪，回到成功大學讀博士班，想找回當學生的樂趣，結果現在血糖都在一百以下，控制得非常好，而且糖尿病的藥開始在減了。因為一般人空腹血糖標準大概是在七十到九十，一百二十以下屬於正常，飯後血糖兩百以下屬於正常。

他還發下豪語說，再過一陣子糖尿病就會好起來，因為他開始真的去實踐少量多餐，分段睡眠，重新建立對生命的熱情。他的太太本來有慮病症，也開始做手工餅乾，辭掉老師鐵飯碗的工作，兩人願意在生命當中做改變。之前有個同學分享，他花了三、四年學習，讓自己的生命改變，以便迎向將來的三、四十年，我覺得所有同學都可以花三、四年的時間，讓自己的生命、職業、生活方式完全改變，以便擁有美好的三、四十年，五、六十年，絕對划得來。

他們從台北搬回台南，太太的慮病症大幅改善，先生的血糖大幅降低，最重要的是他開始覺得自己有信心。後來我上課時送他最後一個禮物，提醒他糖尿病最核心的關鍵：一個人面對生命時，有一種瀰漫在整體生活當中的無力感。

•拋開無力感，重新點燃熱情

為什麼糖尿病是一種中老年疾病？因為人在兒童、青少年、成年時，基本上對人生都還有一種掌握力、一種熱情、一種期待。慢慢步入了中老年，開始有一種瀰漫的無力感，所以大多數糖尿病的人，都是過著不喜歡的生活，或是忍受著不喜歡卻不得不過的生活。可是這個忍受還沒有嚴重到得癌症的人那種忍受，癌症的人是極度的忍耐，多年來過著讓心靈極度痛苦的生活，提不起又放不下。

糖尿病比較溫和，是一種對生活瀰漫性的無力，因為力量感出不來。力量感在哪裡？在血液當中，血液當中呈現出力量感的是什麼？是血糖，血糖就是力量，葡萄糖就是力量，可是血糖不斷在血液當中奔流，無法化為細胞的能量，力量出不來。就像我問同學：「面對家庭、面對工作，有沒有無奈感？面對婚姻、面對未來、面對年華老去、面對皺紋、面對著二、三十歲的年輕妹妹，有沒有無力感？怎麼跟人家比？」

面對著生命逐漸老去，瀰漫性的無力感其實是糖尿病的主因。就像有個個案說：「許醫師，你不覺得嗎？大多數的人幾乎都是越活越覺得自己渺小。」學了賽斯心法之後就不是這樣。經常接觸小朋友的人會發現，如果不要給小朋友太多的扭曲和干預，每個小朋友從來不覺得自己是渺小的，都覺得自己是國家未來的主人翁，相信自己可以發光發熱。可是長大後，越跟現實碰撞，越覺得自己的無力感與渺小，變成了奴隸、集體社會之下的可憐蟲，那種瀰漫在生活當中的無力感，尤其當面對著生活，想改變又無力改變，過著一種忍耐著生活的心態。

我不知道在座同學有多少人是在享受生活？多少人是在忍受著生活？多少人是在婚姻當中覺得喜悅、覺得被支持被愛？還是忍受著婚姻？多少人是帶著愉悅、快樂、成就感去工作，跟同事、老闆有一段成長、互相支持的關係？還是忍受著老闆、忍受著工作、忍受著跟同事之間的關係？是在享受，還是在忍受著這一切？那些在忍受的同學有福了，可以重新來看待自己的生命，問自己：「生命當中有沒有瀰漫著一股無力感？」如果有的話，請重新點燃熱情。

賽斯心法一直強調，威力之點在當下，我們這位同學很用心，我講過的東西都去落實，他留職停薪，太太辭掉工作，不到半年血糖已經大幅下降，就算花個三、四年才讓自己好起來，為了將來的五、六十年，值不值得？我舉這個例子是在鼓勵各位，如果慢慢覺察到瀰漫在生活與生命中的無力感，那麼突破的時候到了，力量不在別人身上，而是在自己身上。賽斯心法一直強調，你創造你自己的實相，實習神明運動就是要讓各位認識到自己的創造力。

57-3

・當一個人的生命推力、意圖和目的已不在物質實相，會很快離開地球

（《健康之道》第四〇一頁第三行）賽斯認為，不管是心臟問題或嚴重的疾病，涉及的個人並沒成爲這疾病的「犧牲品」。我一直跟大家提倡的觀念叫做「實習神明運動」，這是將來這個世界最大的運動，意思是每個人開始認識到自己實習神明的身分，學習我創造我自己的實相。

當人們知道他們將死，卻因為害怕傷害所愛的人的感情，感覺無法跟他們溝通時，就產生了很多的寂寞感。這也跟黑暗面的主題有關，如果不讓他去談內在想死的念頭，又如何鼓勵他活下去呢？有些人面臨地球的歲月終了時，有時候是孤獨的走，因為周遭沒有人願意跟他討論這件事。

另一種個人將過著長久而有生產力的生活，即使當他們肉體看起來很糟糕，因為他們仍覺得，自己還有事要做，或是被需要的，但他們存在的主要推力仍是住在物質

宇宙內的。

有些同學有個錯誤的觀念，認為生病了就要免除所有的責任，其實不是，這裡叫做應無所住而生其心，越免除所有的責任，越放棄所有想要去做的，越沒有責任、壓力的人，因為不被需要了，死得更快。因此還是得去做想做的事，但是要帶著一顆沒有成敗的心，帶著不是要達到什麼結果的心，只是享受過程。

每個人活在這個世界上，都是為了創造自己存在的價值，一旦感覺自己有存在的價值，覺得存在是重要的，等於從大腦發出訊息給全身細胞：「你的生命真的是重要的，不是為了任何人而活，只是為了自己而活，為了自己想要達成的事，為了自己的價值完成。」

每個人的目的是如此的獨特與個人性，以致試圖在這種事上做任何判斷，都是相當不適當的。也有整體的畫面，因為每個家庭成員在每個其他成員的實相裡，都扮演了某個角色。舉例來說，一個男人可能在他妻子死亡之後，很快地死去。

有很多民間傳說認為死掉的人覺得很孤單，回來帶走活著的人。的確在現實生活當中，有些老夫老妻過了四、五十年的生活，在一個走掉之後，另一個也很快走掉。通常我的結論是沒有人跟他吵架了，欠一個吵架的伴，不過不能一概而論，有些人在伴侶往生之後，也開始自己的社交生活，踏上了另一段過去因為伴侶在而無法開展的人生藍圖。但是這跟每個人的意念有關，每個人都有自己不一樣的意念、不一樣的選擇。

不論其境況，沒人該判斷這種例子，因為不管這樣一個男人可能死亡的方式，這個男人為什麼在太太死掉之後很快地死去？它都會是由於這個男人的生命推力、意圖和目的已不在物質實相裡了。這是指每個人，當一個人主要人生的意圖、主要生命的推力、主要的人生目的已經不放在物質實相，這個人會很快離開地球。

‧越開始充滿生命力過著想要的生活，病就好得越快

如果知道怎麼讀賽斯書的人，這裡又找到方法了。一個人怎麼樣才可以不要離開物質實相？就是當生命的推力是朝向地球的，換言之，有個心願、有個生命的欲望、生命的推力、有個意圖、有個目的是朝向物質實相的，對生命就有一種承諾，而不是想要放棄物質實相這樣的取向。如果取向是放在物質實相，那麼生命會延伸下去。

我講過，不管是因病或意外死亡的人，內心都有一種共同的特徵：好像死掉也沒什麼不可以，反正兒女長大了，反正另一個人也不太需要我了。當一個人覺得死了跟

活著沒有太大的差別，其實已經把很強烈的生命動力，也就是意圖轉到另外一個實相了，許多人在不知不覺當中這樣做。而如果對現實人生還有很多的意圖、很多的東西要達成時，會重新燃起生命力。

剛才有同學提到，身體要不要活下去、病會不會好起來，從來都不是真正的問題，說實話，身體只是藉口。所以我們這邊要帶領大家、鼓勵大家的是：「心活起來了沒有？」如果活起來了，請問它展現出來的活力、熱情是什麼？

很多同學說：「等我病好起來，就要去做有意義的事，等我病好起來，就要去完成偉大的事業。」說這種話的同學，我沒看過幾個成功的例子，如果真的是如此，一開始就不會生這個病了，一開始就不會走這樣一條路了，那都是自己的生命整個活力沒有出來的一種自我的故事，活在自己編出來的故事，但這不一定是未來人生的故事，因為只要真正的生命力起來，根本不會管現在有沒有病，真正的生命力是超越病痛的。

舉例來說，如果某乙腳痛，現在家裡發生火災，孩子在裡面，她會說等我腳不痛再去救孩子嗎？不會，就算爬都會爬進去，這樣大家知道什麼叫生命的動力嗎？只要生命真正的動力起來之後，一定是超越病痛，一定是立刻採取行動，而因為這樣的行動，疾病就會一天比一天好轉。我還是要告訴大家，如果今天沒有病，你要怎麼活？就以這種心情去活，這不是理論，越開始充滿生命力過著想要的生活，病就好得越快。

‧癌症痊癒的關鍵，在於當事人是否喚起了對自己的力量和權力的信念

許多癌症病人都有著殉道者的特點，往往多年來忍受著令人不快的情況或狀況。他們的忍耐力一流，會找很多的理由、方法，讓自己繼續留在那令人幾乎無法忍受的生命情況，因為內在有一種殉道者的情懷。

他們覺得無力、無法改變，然而不願留在同樣的位置。既拿不起也放不下，拿起來，太辛苦了，拿太久，真的要放下也不願意。真正的重點是，不想再忍下去了，因為這麼多年來都在忍，為什麼忍？因為覺得無能為力，面對那無法忍受的痛苦無能為力，多年以來只好忍受著令人糾結的關係，忍人所不能忍，直到有一天，內在的心靈、細胞終於忍無可忍了。忍無可忍了會怎麼樣？就是出現癌細胞，癌細胞再也不想忍下去了，可是我們傳統西醫的做法，是用更強更毒的藥物讓人再忍下去，而傳統的修行也要各位再忍下去，難怪會復發，根本走錯路了。

最重要的要點，這句話是會不會活下去的關鍵，是喚起這樣一個人對他自己的力量和權力的信念。就是威力之點在當下，事情沒有解決之道，不代表沒有解決之道，是還沒想到。當一個人的思想找不到所有的解決之道，不是不能解決，是還沒出現，只要相信自己有力量，每個方法都是好方法，一旦相信自己沒有力量，每個方法都是爛方法，所以不是方法的問題。

武俠小說裡，一把木劍、小樹枝，對真正的高手來說都可以是最厲害的武器，一個沒有武功的人，拿一把大刀有什麼用？因此不是困難不能解決，不是病不能好，而是根本不相信、不認為自己有力量，也沒有真的去做威力之點在當下的練習。賽斯一直說，所有的困難都可以解決，每個問題都有最佳的解決之道。

在許多例子裡，這些得到癌症的人象徵性地聳聳肩，說：「該發生的就會發生」，但他們不會實際地對抗他們的情況。這一點非常清楚，甚至得到癌症之後要做什麼治療，要吃什麼草藥，看什麼醫生，大多數也是任人擺布。我們有很多同學後來講，根本就不想做哪一種治療，是為了讓先生、太太心安才去做的，這樣的治療會有療效嗎？連自己要做治療，都是以殉道者的心情，因為不忍心看到心愛的人受傷害。可是我常問：「這麼做讓自己受了多大的傷害？」這句話是重點，提醒自己，有個人的力量（personal power）與權力，我常講，連死都可以了，只要不是犯法、殺人放火，為什麼不去改變？改變的力量在當下，一旦拿出了改變的力量，身體就開始動員，整個身體自我療癒的能量就開啟了。

57-4

・接納整合自己的黑暗面，癌細胞就會轉成正面光明的健康細胞

（《健康之道》第四〇二頁倒數第四行）不要過份開藥給這些病人也是重要的。

但是我們的醫學不管，繼續讓病人吃更多的藥。因為有些根絕癌症的藥物副作用本身常是危險的。有些治療癌症的藥本身就會引起癌症，化療的藥物本身就是致癌藥物，因為治療癌症最有效的藥物，也最能影響細胞ＤＮＡ的複製。像放射線是不是一種癌症療法？但放射線也是導致癌症最強的致癌因子，廣島、長崎的原子彈炸過後，周邊多少日本人得到血癌。

因此，放射線和化學治療的藥物，是兩大最會導致癌症的藥物，可是卻被視為治療癌症最好的方法，大家不管那麼多，先把癌症消滅掉再說。我現在講的是醫學常識，不是任何身心靈療法，治療癌症的藥物本身也是導致癌症的藥物，因為最能影響ＤＮＡ的運作。不過做過化療的同學不要悲傷，真正影響ＤＮＡ最強的原因是什麼？

信念，這裡各位找到了更強大的力量。

縱使以前做過放射治療、化學治療，現在要用好信念重新來愛細胞，但我也從來沒有告訴大家不要去做化療和放療，因為那是每個人自己的事，在這邊我只提供最好的方法，也是最有效的方法，其他方法要不要去做，自己決定，我一點都不會干涉。

反之，有些人想像癌是某種可恨的敵人、猛獸或仇人，然後藉精神性的假戰鬥，在一段時間後驅逐了癌症，也時有所聞。之前美國有個兒童癌症專家，設計出一種電動玩具，把裡面的怪獸變成癌細胞，槍砲就是免疫系統，小朋友每天玩遊戲，打死一個敵人就可以得分。很多小朋友玩得很高興，結果玩好了，病也好了。讓兒童透過想像力、透過冥想、電動玩具或戰鬥遊戲，象徵性的把所有的癌細胞殲滅，的確有些兒童沉迷在這個過程當中時，白血病真的好了。即使如此，這種做法只表示癌症容易被治好，但父母跟孩子的互動還是必須改變。

雖然這技巧的確有其益處，它卻也令自己的一部份與其他的為敵。癌症是黑暗的自己，就我所知，在修行和疾病的療癒上，與黑暗的自己殊死搏鬥的人，最後死的都是自己，不是黑暗的自己，因為黑暗的自己通常比較有力量。

我們這邊的治療，不是要各位去跟癌症戰鬥，而是接納它為黑暗面，接納自己的黑暗面，面對自己的黑暗面，轉化自己的黑暗面，所以黑暗面其實也正是自己的力量，所有癌細胞都是要來幫助各位找回健康。

在我們的哲學基礎上，要接納自己的黑暗、憤怒、恨，黑暗的力量就是癌細胞的力量，一旦承認了內心的黑暗面，承認了有多想死，拿出行動的力量，此時攻擊性的能量就能夠出來，癌細胞會消得很快，因為所有的癌細胞都轉成正面、光明的健康細胞。而且是透過一種整合的方式，不是戰鬥的方式，不是在精神上要求各位跟黑暗面戰鬥，用求生的意志去對抗求死的意志。在醫療上也不是利用種種的藥物、手術、化療與放療來對抗癌細胞，我們這個世界走對抗的路線太久了，醫學都在搞對抗，這樣的路線再持續下去，所有的人類都會受害。

• 生命意指能量、力量及表達，每個人本就該表達自己的特性與能力

這裡賽斯的思想並不引導大家與自己的另一部分為敵，賽斯說，可以換個方法，比如說，想像癌細胞被某個想像的仙女棒中和了，要好得多。或是我之前提到，想像有一台無形的垃圾車開進身體裡，把垃圾車的駕駛想成是我或賽斯也沒關係，然後通知身體，要做垃圾分類了，把所有不要的癌細胞打包送進垃圾車，再開出來。

或是想像一根仙女棒進入身體，把所有的癌細胞點石成金，變成了正常細胞，或是舞蹈，身體動起來時，全身細胞都開始動起來了，每個癌細胞開始跳舞，跳舞時就忘記它是癌細胞了，它會想起自己原來是正常的細胞，也讓當事人想起原來多久沒有愛自己，沒有真的採取有力的行動，這麼多年來，一直在忍耐、壓抑。

醫生們可能建議一個病人放鬆，然後問他自己，哪種的內在幻想最有益於療癒過程。即刻的影像可能立刻來到腦海，但如果沒獲得立即的成功，就叫病人再試，因為在幾乎所有的例子裡，都會看到一些內在的畫面。可是，在整個問題背後，是害怕利用一個人的全部力量或能量的恐懼。癌症病人最常感覺一個內在的不耐，當他們感受到自己對未來擴展與發展的需要，卻覺得它被阻擾了。

內在的不耐煩，是因為想改變，但是覺得沒有力量改變。內在的不耐煩，是因為想擴展、想發展，又覺得做不到，或是周遭的人不容許，環境不容許，因此想衝又不能衝，想做又有太多的考慮，進退維谷。

如果將新的信念插入舊的信念，便的確能驅散阻礙那能量的恐懼，所以，再次的，我們回到那些自動促進健康和療癒的情緒性態度和概念。每個人都是個好人，值得擁有好的健康，宇宙能量本身的一個個別化的部分，每個人本就該表達他自己的特性與能力。生命意指能量、力量及表達。我希望各位再三默念這句話。

那些信念，如果教得夠早的話，會形成人所知的最有效的預防醫學。我們現在健保的預防醫學統統在亂搞，為什麼？永遠在拍提醒大家恐懼的宣傳短片，告訴大家身體容易生病。植入了負面暗示後，反而更容易生病。

沒有人了解什麼叫真正的身心靈健康，翻開報紙的醫學新知，不是提供一個遙不可及的醫學技術，就是說要小心身體，例如突然骨折，可能是骨質疏鬆或是病理性骨折，因為有骨癌，或原來的癌症轉移到骨頭了。這些論點不是不對，而是其背後的心態是對身體深深的不信任。越鼓勵身體不值得信任的預防醫學，越推廣到大家的潛意識時，所有人的內心就會建立對身體更深的不信任，而信念創造實相，因為我們是實習神明，負面的信念會創造生病。

再提醒一次，每個人都是好人，就算過去做了很多壞事。我常講，世界上有兩種人：做好事的好人和做壞事的好人。每個人都是好人，是宇宙能量本身的一個個別化的部分，每個人本來就應該表達自己的特性與能力。我開始學身心靈這條路時，第一個學會的是：只要我做的事，對得起天地、對得起良心，別人怎麼說，那是他家的事。

生命指的是能量、力量及表達，我要提醒各位有力量、有能量、要去表達，不管是恐懼、害怕，不管是正面還是負面，都要表達。

• 透過內在幻想有助於療癒

（《健康之道》第四〇三頁第一行）今天回去睡覺要放鬆，問自己：「你幻想什麼最能幫助你恢復健康？」這裡不涉及道德觀，如果有暴力傾向，賽斯也講過，握起拳頭打枕頭吧！不是打太太、打先生，否則就是家庭暴力。去把枕頭打爛，打到精疲力盡為止，如果有憤怒，也可以對著枕頭罵三字經，宣洩情緒，放聲大哭，哭到沒有聲音，哭到眼睛腫起來，哭到三天三夜出不了門，不要再壓在心裡了。

哪種內在幻想最能幫助自己療癒？是到峇里島吹著海風，雙人按摩，哪種內在畫面最有助於療癒？是到海邊度假、重新念研究所，還是讓生命重新開始？哪種內在畫面讓身心最愉快？就讓自己沉浸其中，每天去試。比如說，呼喚華佗幫忙按摩，不管華佗長什麼樣子，把他想出來就好了，這樣犯法嗎？沒有。任何想得到的、有益的畫面都可以。

賽斯說，可以發洩攻擊性能量，但是不要針對某一個特定的人，因為在心電感應的層面，這個人會知道你正在用幻想痛扁他，所以我不建議各位找一個特定的人，而是去找一個沒有生命的東西發洩憤怒，但是一定得先承認自己有很大的憤怒。

今天回去就做練習，呼喚哪種幻想、呼喚哪個內在的畫面，最有助於進入內在的療癒。

第58講

58-1

・每個人都是實習神明，具備了神明所擁有的一切能力

我講一下實習神明運動和實習神明計畫，因為這是賽斯思想最後會導向的一個方向。比如說，我自己這輩子最大的計畫就叫做實習神明計畫，意思是說，我承認自己是實習神明，我也很努力、很開心地提醒周遭的人，他們是實習神明，也幫他們轉變成實習神明，並且開始使用自己的力量。我會把這個運動變成全人類的運動，當作人類有史以來最偉大的計畫來推動。

過去兩、三千年來，所有的人類有著種種的宗教信仰，關於神明的崇拜或傳說，例如古希臘羅馬時代的神明像是雅典娜、太陽神阿波羅、或是好色的宙斯，到處跟地球的女人生小孩，還有他那個善於忌妒的太太希拉。在座同學也許曾經是基督徒、天主教徒，也許是信奉關聖帝君、土地公、玄天上帝、王母娘娘、觀世音菩薩，或是佛教淨土中的西方三聖。

我希望大家開始接觸賽斯思想時，在腦袋裡做一個轉變：「所有你相信神明有的力量，你都有，包括創造力、慈悲、愛、神通的力量。」我要很真實的告訴大家，每個人都有這些力量。我們生而為人到最後就是要認識自己是實習神明，認識自己擁有這些能力，而且開始使用這些能力。

舉例來說，同學會問我：「許醫師，你憑什麼能告訴一些癌症末期的人，病可以好起來？你憑什麼能把這些癌症病人帶向幸福、健康、快樂？」這一切的背後有著非常深奧、踏實的理論基礎，那就是：「每個人都是實習神明，因為是實習神明，所以開始要使用自己的力量。」不只使用自己的力量，還要求過去認識的神明，尤其是我們一直在講的內我、存有，也就是守護天神，都來一起幫忙。

比如說，以前大家到廟裡會跟神明祈求：「神明啊！請保佑我們一家大小健康，神明啊！請保佑太太生產順利、保佑先生事業順利、保佑得到癌症的二舅舅早點復原，保佑小孩頭腦聰明、考試順利。等願望達成了，我再來還願。」從現在起，請建立一個信念：「從小到大你希望神明幫忙做到的，所有你向神明祈求的一切能力，你都有，而且會得到神明的加持。」

每個人都要開始認識自己的身分，展現自己的能力。我分享過，有個同學癌症末期，七個月之後回去做正子攝影，找不到任何癌細胞，因為我告訴她：「妳是實習神明，不管妳相不相信、承不承認，妳就是，不管妳有沒有去使用妳的能力，妳都有這些能力。」就像我常講，不管承不承認會轉世，就是會轉世，跟承不承認無關，不管相不相信死後有生命，死後就是會繼續存在，跟觀念無關，這就是事實。

每個人都有這些能力，只是一輩子不知道自己有，也從來不知道怎麼用，我現在很明確告訴大家：「你有這些能力，而且可以開始學著去用，每個實習神明都有心想事成的能力，有在當下讓肉體越變越健康的能力，有在當下讓肉體從嚴重疾病，甚至是末期癌症康復起來的能力。只要越快相信你有，越早開始去用，就會越快樂。」越早承認，越早去使用這個能力，實習神明生涯就越早開始，而且人生會因為這種信念的轉變而改變。

• 承認自己是實習神明，運用強大的內在力量創造更好的實相

請相信我說的話，對我而言，我發了一個願，凡是我所在的地方，要把周遭的人引導到更認識自己是誰，引導他們發揮出自己存在的力量。請大家做一個思想上很大的轉變，怎麼轉我不管，我要幫大家移植整個思維。如果相信自己是實習神明，還會

常常抱持著一種原罪、業障的觀念嗎？不會。相反地，會在人生當中昂首闊步，用自己的能力過得更快樂、更健康，並且幫助周遭的人、幫助這個世界更快樂、更健康。會開始使用強大的精神力量、強大的內在力量，幫助自己在這個世界當中創造出更好的實相。

舉例來說，《X戰警》裡面的金鋼狼有兩個特色：第一、他身上可以生出像狼爪一樣的刀，那個刀一旦變成固體，就會無堅不摧。第二、身體的復原能力很快，意思是說，用手槍把他的手臂打穿，大概三十秒傷口就癒合了。

在電影裡面，他是屬於變種人，每個變種人都有特殊能力。但是我真的要告訴大家，如果以身為實習神明的身分來活，肉體會擁有相當高的自我療癒力。當然我不會說可以像金剛狼那樣，子彈貫穿身體，三十秒內就復原，可是我問大家：「在我們所知道的人類裡面，有沒有一些人的傷口復原得很快、很好的？」有，其實這些能力每個人身上都有，可是如果不承認是實習神明，這輩子什麼能力都發揮不出來。

整個賽斯思想以承認自己是實習神明為基本架構，這也是當初上帝造人的目的。上帝造人不只是要人卑微的崇拜祂，而是要人去彰顯上帝的智慧與能力來榮耀祂，上帝渴望人成爲實習神明來彰顯神的智慧，就像佛一樣，佛告訴每個人：「你們是未來佛，人人皆有佛性。」

今天整個賽斯思想告訴各位：「你當下就是實習神明，當下開始改變身分，信念立刻創造實相。不管你相不相信你有，你在潛意識裡面的確收到周遭每個人心電感應的訊息，不管你相不相信你有，你就是有預知的能力，不管你相不相信你做不做得到，你有能力在三個月之內，不經過任何醫學治療，讓自己從末期癌症當中好起來。」

所以不要再以過去的基本假設，過著自認為悲哀、無力的那種人類的生活。請同學要完全改變對自己的認知，從今以後試著以實習神明的身分活著，因為心中有著很多的愛，渴望去愛人與被愛，渴望去發揮創造力，渴望讓自己過得快樂、幸福、健康，並且渴望用最大的能力來幫助周遭的人和這個世界，這就是任務所在。

而這一切從承認自己是實習神明開始，具體的做法是跟過去曾經信仰過、崇拜過的神明連結，告訴自己：「所有祂的能力我都有，而我正在學習。」就像嬰兒學走路一樣，會不會跌倒？會，可是試問：「所有長大的嬰兒，會走路的成功率多少？」排除先天的殘疾，成功率幾乎是百分之百。

我不管各位實習神明現在有多大的信心、將來能活多久，我只要說，每個人都是實習神明，當下都有這個能力。我渴望每個人在自己的生活當中開始改變，去改變現在全世界人類越活越卑微這樣的局勢，以憂鬱症為例，憂鬱症是集體人類的現象，因為人越活越卑微，即使有很多錢，仍覺得自己不快樂、沒有力量、沒有健康。

• 實習神明會從宗教和醫學當中拿回自己的力量

我們來進行實習神明計畫，推動實習神明運動，我要督促大家實際去操作，請大家不斷的互相提醒，就在我們所在的地方創造一個磁場，用這個磁場來改變全世界。先從改變我們自己開始，大膽的改變自己的身分，改變對自己的認知，把過去陳腐的、落後的、不入流的觀念放到一邊，把學到的所有身心靈觀念、賽斯思想做思維移植，看看自己所過的日子跟以前有沒有不一樣？請大家去做自己人生的實驗。

我輔導一個強迫症個案，他是個高中老師，強迫症的起因，來自於從小父母灌輸他有一個無形界的力量，會左右他的命運、影響他的禍福，所以他每次經過廟宇都很害怕，為什麼？因為萬一神明知道他在想什麼，怎麼辦？神明不喜歡他怎麼辦？萬一神明知道他有一些不潔的念頭怎麼辦？像我今天門診就有一個個案，有強迫的思想，有一些強迫的影像是光屁股的畫面，每次他都認為別人知道他在想什麼。

那個在高中教書的強迫症同學，目前在寫博士論文，最近整個強迫症從最核心的地方瓦解了，因為他知道他是實習神明，宇宙裡沒有一個比他更高的力量要懲罰他，他和神明本質上是平起平坐的，而且接受神明的照顧、愛、指導，他不再認為自己是無力感的，被鬼神的力量所左右。

過去很多人老是覺得有一股命運的力量、無形的力量，宇宙有一個超然的力量，可以左右自己的命運，可以影響疾病痊癒或惡化、考試順利與否。宇宙這股無形的力量就是我們自己的力量，如果不承認，會變成是命運的力量。所謂的實習神明計畫沒有那麼簡單，這是要從過去的宗教裡面拿回自己的力量，從所信任的醫學裡面拿回自己的力量，整個現代醫學能夠幫忙的力量，每個人自己身上都有。

以體外循環機為例，全世界頂尖的醫學力量和醫生的智慧加起來的體外循環機，最長使用的時間是七天，可是爸爸媽媽給的心臟可以跳多久？七、八十年，跳到死亡的那一天為止，這個智慧怎麼比？我們要大家進入的就是內在的智慧，把所有對醫學信任的力量拿回來，那就是自己的力量。把過去對宗教信仰的力量拿回來，那都是自己的力量。你創造你自己的實相，唯有承認自己的神性、承認自己是實習神明，才會做到這一點。

這是人類有史以來最偉大的一次醫學革命和宗教革命，因為它是心靈革命。我常常覺得我就是X教授，讓每個人都能真的認識自己是誰，所擁有的力量和潛能到底有多大？很多人這輩子從來沒有真的發現過這些能力，因為從小到大都被框架式的鳥觀念、負面思想、卑微、無價值所羈絆，從來沒有認識到自己真正的本質。整個賽斯思想、身心靈的觀念，尤其是關於健康的這一塊，真的很好用，而且如果以實習神明的身分來實現這些東西，會事半功倍。

58-2

‧每個人都要好好面對內在的負面情緒和想死的念頭

（《健康之道》第四〇三頁倒數第六行）這裡賽斯提到跟癌症有關的部分，再次的，我們無法過度的一概而論，但許多人十分明白，他們不確定自己想活或想死。尤其在這個時代，真的不是每個人都確定自己是想活還是想死。

我說過，生重病的人，尤其是得到癌症的人，如果沒有全然面對自己有多想死之前，不可能激發真正想活下去的意志，因為許多人想活下去的意志，事實上是頭腦想活下去，但是心覺得很累，在人間滿苦的，頭腦和心在拉扯。所以在治療疾病時，不知怎地，為什麼病卻越來越嚴重？這是因為沒有真的面對內在到底有多少負面情緒？有多麼想死？

這件事情我覺得不只是所有生病的人要面對，任何正常人也都要，人終其一生都有想要離開人間的想法，尤其是我們遇到很大的挫折、或是病痛到極點時，會覺得為什麼不死掉算了？此時要如何去全然的面對想死的念頭？

我講一個笑話，最近在批評台大醫學系六、七年級的學生，心肺復甦術的技巧練得太好也有缺點，因為救回來變植物人。我常講，醫學技術適當就好，現在大多數的植物人，都是被過度急救的醫學製造出來的。當然我們要盡量活下去，可是當生命到達終點，要學會尊重死亡，否則只是硬把身體意識留在人間，主要的意識都已經離開了。

其實賽斯思想不贊成安樂死，但是我們贊成自然死，自然死就是當人的生命到達終點時，要學會尊重死亡。之前上課提過，一個人面臨死亡時，活力沒有減少，而是把生存的意志轉到另外一個世界。就像賽斯在《靈魂永生》裡提到，他在地球的整個輪迴當中，到底穿過又脫掉幾件肉體，連算都懶得算了。

賽斯說，他自己的意識在地球形成之前就已經存在，請問地球存在多久？以科學的術語來講，好像是四十六億年，那麼大略可以說，賽斯已經超過四十六億歲了。當然這不是用時間的術語能夠講的，因為賽斯開玩笑說，如果普天下的作者是用年齡來排地位的話，沒有人贏得過他，他是全天下寫書的作者裡年紀最大的，這點讓我覺得滿好笑的。

• 癌細胞過度的蓬勃生氣，代表當事人內在有一種想要擴展和表達的需要

無論如何，癌細胞的過度蓬勃生氣。癌細胞有沒有很蓬勃生氣、很旺盛？有，它會長大、會轉移，快樂得不得了。在中醫理論裡面，得到癌症的人不能補，因為越補越旺。所以癌細胞的過度蓬勃生氣，到底代表了什麼？代表表達與擴展的需要——唯一還開放的領域——或看來彷彿如此。癌細胞的過度蓬勃生氣，代表這個人格內在有一種想要擴展和表達的需要，但是在生活當中，陷入了很大的痛苦與無奈，沒有去打開那個封鎖的區域，沒有盡最大的能力去學習、去創新、去成長，當自己停止成長，癌細胞就幫忙成長。

我講過，目前醫學的做法是用打擊癌細胞的方式，但這是錯的。我在《絕處逢生》裡也提到，把力量從癌細胞身上收回來。之前我們上過一堂課，不管恐懼的是哪一種人事物，都代表把力量給了恐懼的對象。我希望大家從今天起，開始在心靈上努力，把力量收回來。如果恐懼生病，那是因為把力量給了疾病，以前有句話說：「拚著一身剮，敢把皇帝拉下馬。」古代皇帝出巡時，敢不敢衝上前去，把皇帝從馬上面拉下來？一旦願意接受剮刑，什麼都不怕了。

現代人內心有太多恐懼，但在這恐懼的背後，是因為把力量給出去，而身為實

習神明，我想鄭重地呼籲各位，把力量收回來，如果恐懼什麼，就表示應該從那個地方把力量收回來。比如說，恐懼死亡的人不是在恐懼死亡，只不過把力量給了恐懼，當然怕它。如果害怕生病或是恐懼癌症復發，要知道，疾病正在使用你給它的力量。

每個人都在人生的某個領域把力量給出去，例如過度在乎別人的看法，請問有沒有把自我評價的力量給了別人？讓別人代替自己來評價自己。身為人類，要面對種種的恐懼，因為越面對恐懼，越有機會把力量收回來。一旦開始從種種的生命領域把力量一個一個收回來，就會發現自己到底多有力量，真正的力量在自己身上，真正存在的價值，並不是靠任何人賦予的，這也是我的人生哲學。

舉例來說，當年我要進醫院當醫生時，故意不選大醫院，而是選了一間小醫院，因為我的信念是：「我存在的價值由自己決定。」沒有把力量給別人。如果發現別人比你有力量，那就錯了，是你把力量給了他。一個生病的人害怕他的病，其實病沒有比他有力量，是他把力量給了疾病，如果在面對一個讓你恐懼的人，難道那個人真的比你有力量嗎？沒有，是你把力量給了他，你把力量給了任何讓你恐懼的人事物，這一點再三強調也不為過。我希望各位實習神明把力量收回來，賽斯講過，每個人擁有宇宙當中最可畏的力量，那就是創造實相的力量，甚至周遭的物質環境也都是我們集體的能量創造出來的，只是各位實習神明還沒有真的了悟到自己究竟多麼有力量，所以我要再三提醒大家。

• 如實找回存在的力量，不要把力量交給令自己恐懼的人事物

就像之前有個個案問我：「許醫師，你難道不覺得人年紀越大，越活越覺得自己渺小嗎？」但是我要講，自從開始了解自己是實習神明，自從開始了解賽斯心法，這件事不會發生。從來都不會覺得應該越活越渺小，但也不代表要壓過所有的人，而是真的如實找到自己是誰，如實找到存在的力量，這個力量沒有任何外在世俗的東西有辦法剝奪，要是把力量都給了恐懼的人事物，把力量都寄在別人那邊，難怪會沒有力量，希望每個人把力量收回來。

這裡有一個魔術性的轉移發生了，以生病的人為例，首先是感覺到生活當中沒有力量，力量伸展不出去，最後把力量再魔術性的轉移給疾病，所以讓疾病看起來好像很有力量，結果又去找了阿大、阿二、阿三來幫忙壓制那個力量。阿大是手術，阿二是化療，阿三是放療，還有阿四自救功，阿五有機食療，找了所有的雜牌軍來。可是

一開始就沒有發現，是自己把力量給了疾病，把力量魔術性的轉移到癌細胞身上，再找了一堆雜牌軍來幫忙對抗正規軍。

所謂的賽斯心法是要大家魔術性的把力量拿回來，把力量從這輩子從小到大所有恐懼的一切事物拿回來，世界沒有大不了的事，一旦把力量拿回來，癌細胞整個會萎縮，因為它的力量被回收了。請各位回去列出生命當中有多少恐懼的人事物，看看自己給了哪些人力量？怕些什麼事？怕被騙、怕無常、怕地震、怕生病、怕死亡、怕破產、怕老婆跟人家跑了、怕老公去包二奶，有多少害怕的東西，就給出去多少原本屬於自己的力量。

生病的人怕癌細胞越長越大，可是癌細胞長大的力量是當事人給的，因為他有表達與擴展的需要，沒有去使用這一份蓬勃生氣，而把蓬勃生氣給了癌細胞，然後找了一堆雜牌軍來對付它，這樣癌細胞不會心酸酸的嗎？只要把力量收回來，就不需要對任何人發脾氣，會覺得整個人變得不一樣，整個精氣神完全回來了，重新回到青少年的時候，曾經一度覺得自己很棒、意氣風發的感覺。年少時，覺得天下無難事，只怕有心人，可是曾幾何時，現在覺得天下都是難事，再怎麼有心也沒用。

在這裡，我們要幫助各位重新找回自己的心，找回力量。自己的力量任何人都奪不走，如果是生病的人，今天就向癌細胞發出宣言：「我以身為實習神明的身分，將要把過去魔術性無償轉移給你的力量收回來。」如果是憂鬱症的人，憂鬱的底下是憤怒，像我最近在輔導一個游泳教練，因為他過去非常順利，他帶的游泳隊曾經三度取得奧運選手的資格，可是這幾年來大環境的變化，造成他訓練的游泳隊員不是被挖角，不然就是能力不足，比賽不順利，結果這一、兩年他得到嚴重的憂鬱症。

我跟他說：「你根本就沒有病，只是還沒準備好要輸。因為你習慣贏，不習慣輸，只要當下告訴自己『我接納我的輸，不再抗拒。』接受自己能輸，那麼你的贏才是真正的贏。」原來他所有憂鬱症的症狀在於「輸不起」，但是我沒有直接講這三個字，只說他還沒有準備好要輸，他已經輸了，還在抗拒、還在否認，其實他內心最大的是憤怒：「我為什麼輸？我怎麼可以輸？老天怎麼可以讓我輸？」可是他就是輸了，越早接受已經輸了會越快樂。

無條件地接受生命，甚至有時候無條件地接受發生在身上的每件事，越早接受，越心安自在。因為接受了，代表臣服了，臣服了之後，把力量收回來，你在抗拒什麼？人最後還不是在抗拒自己？還不是在找自己的麻煩？

要面對恐懼，最好的辦法是把力量從恐懼的東西收回來，如果害怕會生病、得癌症，就去跟細胞宣告：「我要回收我的力量。」而不是去打擊它、殲滅它，不是這樣的邏輯思維。

58-3

・「思維移植」的手術會讓很多人的病迅速消失

（《健康之道》第四〇三頁倒數第三行）這樣一個人也必須與社會不幸的、有關疾病的一般想法競爭，以致許多癌症病人結果變成孤立或孤獨的。不過，就如在幾乎所有的疾病例子裡，如果可能有一種「思維移植」手術的話，那麼癌症會迅速地消失。思想移植，這就是為什麼我要寫書和叫各位聽二十片抗癌心法的原因，我沒有要幫大家移植，請自己選想要的移植。

事實上，真正的移植不是器官移植。我講過，最好的換心手術，救不回一個沒有心要活下去的人。需要移植的是移植一顆愛心、熱心、對生命活潑的心，癌症也是一樣，任何的治療法都比不上思維移植，記得我上次那句名言嗎？「人如果會死，都是被自己的思想害死的。」我們被自己慣性鑽牛角尖的負面思維害死了，所以大家這邊學的叫做乾坤大挪移，就是以一套完全不一樣的思想、開闊的思想，來改變自己過去的思維，做個無可救藥的樂觀主義者。

很多人問我：「許醫師，你是怎麼修的？」其實我也沒有修什麼，只不過看賽斯書，把得到的思想移植過來，但不是外來生物，而是要融會貫通、消化吸收，適合本土的需求。請各位趕快把觸動內心的思想移過來，然後開始以這樣的思想來幫自己，運用在生活當中，因為用了就是自己的，不是任何人的。賽斯講，如果可能的話，思維移植的手術會讓很多人的病迅速消失。

之前有個學員開始學這個東西，我建議他：「你可以送書或CD給同事，讓同事知道你在學這些東西。」他馬上回我一句話：「許醫師，我送給他們，萬一他們一拿到，趁我不在或下班之後丟到垃圾桶怎麼辦？」我當場把他痛罵一頓：「你送給他，是你的心意，他要丟在垃圾桶，你鼻子摸一摸，撿回來再送給另外一個人，你只負責做你想做的，人家要怎麼處理，那是他的選擇。」

我還說，我們做任何事，不可能期待每個人的反應，人生在世，無法控制每個人的想法。有時候我會想，要做任何一件事，一般而言，周遭至少要有一半的人反對，一半的人贊成，這才正常。如果要做的事，周遭人統統都反對，那要打個問號了，一定不能做嗎？如果要做的事，周遭人統統贊成，也要打個問號，一定可以做嗎？我的預設是：每做一件事情，起碼要有一半的人反對才正常，先這樣想了，就不會太多矛盾，每個人本來就不同，要做到人人都覺得好，那是不可能的。

一旦抱持著這種人生觀，就不會有那麼多衝突和矛盾，因為已經預設有一半的人會反對了，結果到時候反對的人只有三分之一，會覺得賺到了。所以我在做任何事情從不期待所有人都要贊成，沒有人反對，我會怪怪的，就像做一個讓大家都喜歡的人，我覺得怪怪的，起碼要一半的人討厭我吧！這樣做起人來才有樂趣。雖然這是稍微過度渲染，不過我是在幫各位打預防針，例如要做一件事之前，去問每個人等於不要問，因為又把力量給了別人，只要不是殺人放火，警察不會抓，就不必管其他人。

這樣想，真的就開心多了，不需要成為一個所有人都認同的人，多輕鬆，因為我已經預設了至少一半的人不會喜歡我，他的不喜歡還給他，我不必為別人的不贊同我、不喜歡我負責。如果我還要去質問：「你怎麼可以不贊同我？怎麼可以不喜歡我？怎麼可以不認同我？」他會說：「我有不認同你的自由，你有『不接受我不認同你』的自由。」

很多時候，人沒有行使自己的力量，真的又把力量給了別人，一旦發現自己終其一生是如何不經意的把力量給出去，真的會嚇一大跳，原來無力感、無奈都是這樣來的，到最後根本沒有力量，生命只剩下恐懼、不安、煩惱。請大家按照自己的需求，趕快進行一場自己的思維移植。這件事只有自己能做，沒有任何人可以幫忙，我沒辦法幫，賽斯也不行。

•正常時間裡要花上幾年的行動，在架構二裡可能發生於一眨眼之間

即使在最悲慘的例子裡，有些人突然戀愛了，或他們居家環境裡的某些東西改變了，而那人也彷彿一夜間就改變了——同時再次的，疾病消失了。任何事都可能發生，一夕之間一個改變發生了，會帶動所有的改變。有些人在七、八十歲談了場戀愛，整個人看起來都變得年輕了。心境上的改變是一切改變的關鍵，所以在生活當中，的確有很多東西在一夕之間可以改變。

當然，痊癒可能涉及許多層面的幫助。賽斯稱正常的溝通世界為架構一，同時架構二代表那內在的世界。兩個世界，一個是架構一，我們所活的物質世界，一個是架構二，就是內在的精神世界。什麼叫內在精神世界？其中，所有的時間是同時性的，過去、現在、未來同時存在，而正常時間裡要花上幾年時間的行動，在架構二裡可能發生於一眨眼之間。在正常的生活裡面，慢性病可能要花幾年才可以好起來，可是在

架構二當中，只要一眨眼，因為在架構二當中不受到時空限制，超越了我們所知的物理學定律。

賽斯講過，對架構二的知識認識得越多，生命越可能在瞬間改變，在瞬間打開新的可能性，在瞬間看到新的未來，在瞬間瓦解了過去幾十年的習慣或疾病。但是首先要建立架構二的信念，這也是一種思維移植，本來沒有架構二的信念，現在有了。在架構二當中，許多年的困難可以在瞬間找到解決之道。

簡短地說，架構一處理我們正常意識到的所有事件。結婚、生子、找工作，所有生老病死，日常生活當中發生的一切都是在架構一當中處理。架構二涉及在我們有意識的注意底下，就是意識心下面的潛意識，更深的無意識，或是佛法裡提到的阿賴耶識，更深的意識層面。所有那些自發性的過程。當我們很年輕時，我們的信念是相當清晰的——即是說，我們有意識和無意識的傾向及期待是和諧的。可是，當我們較年長，而開始累積負面信念時，那時我們有意識與無意識的信念可能相當的不同。

這裡說明人會老化的原因，為什麼年紀越大，越覺得自己渺小？我們青少年時，從來不覺得自己渺小，真的相信天下無難事，只怕有心人。可是如果我問各位，到現在還相信這句話的人請舉手，應該不多了，大家已經不太相信了。某程度來說，我到現在為止，還相信天下無難事，只怕有心人。

我常講信念創造實相，很多人也都在運用信念創造實相，雖然很多人渴望健康，但是有多少人相信天生就是健康的？很多人渴望成功，有多少人相信成功可望而不可及？很多人渴望要過好日子，但是有更多人相信錢不好賺。隨著每個人在架構一當中現實人生的累積，都在有意識的層面上開始植入很多限制性或負面信念，於是到後來，想要的和相信的不一樣。

每個人都希望活在一個充滿愛、充滿和平的世界，可是有多少人相信人性是黑暗的，我們的頭腦根本違背了我們的心。青少年時，我們有意識的信念和我們的內心比較清晰，等到長大後，聽是一套，做是另外一套，頭腦聽一聽，卻不見得打從內心相信。小孩子最好騙，青少年其次，成年人已經聰明到不容易上當了，城牆愈築愈高，就像圍城一樣，外面的傷害進不來，裡面的心也出不去，大家都在防範周遭的人，越長大，心中越不信任這個世界。

我希望讓各位重新找回內在原本清淨自在的心，找回年輕時曾經有過的信念，但不是要把腦子拿掉，也就是說，要能夠有清澈的信念，又要能搭配年長之後的人生智慧與經驗，要學會信任人，但是要更聰明的去信任人。

58-4

‧只要一心一意，宇宙會幫忙開路，做事一定會成功

（《健康之道》第四〇四頁倒數第五行）一個人可能有意識地想要表達某些能力，同時無意識地害怕這樣做。同時又想做，又怕失敗；同時又想講，又怕被笑；同時想發展才能，又擔心這個才能有什麼用，結果後來很多時候都在矛盾。跟自己內心的認同減少了，不再信任內心世界，因為太多的理性來阻擋，以至於整個人被綁得動彈不得。

大家往往把力量給出去，交給了很多的理性思維。我常打一個比喻，美式足球在傳球或抱球跑向對方的陣地要達陣，此時會遭遇什麼？對方所有的人都會試圖把球搶走，這就像我們內心世界一樣，內心世界想要出來，但有多少的理性拿著刀槍要阻止。內在所有的聲音幾乎被封殺了，怎麼會有力量？內在原本想要出來的動力，被從小到大所有人說的「不可以」、「不會成功」、「不符合現實」擊垮，導致生命的力

量出不來。

人做事會成功只有一個狀態，叫一心一意。只要一心一意，宇宙會幫忙開路，唯一要做的是更相信自己、更相信內在給的指引，把所有的懷疑拿掉，只要不是殺人放火，評估過後，連最壞的打算都可以接受，那麼把所有的擔心拿掉，這叫做一心不亂，也就是神奇之道。

神奇之道是直接把架構二的可能性打開，把架構一所有的困難掃到一邊，所以我才會告訴大家，什麼叫末期癌症？我根本沒有放在眼裡，因為一旦架構二的力量起來了，會把所有彷彿的困難掃到一邊，這就是生命的力量，這是內在直覺和理性的最佳結合，「大不了能怎麼樣？有那麼嚴重嗎？」我們都是被自己的負面思維模式嚇死的，真的是這樣嗎？不見得。一旦架構二的能量打開了，會掃掉所有過去的疑慮，把所有的阻礙拿掉，那時候心和腦是一條線，宇宙會幫忙開路。

• 清除負面信念，能讓架構一和架構二之間的通路順暢無阻

不過，無意識的信念並非真的無意識。我們只不過不像我們覺察正常有意識的信念那樣地覺察它們。負面信念能阻塞在架構一和架構二之間的通路。對那些在任何一

種困難中的人，去做以下的簡單練習，是個極佳的主意。儘量放鬆自己，舒舒服服地坐在一張椅子裡或躺在一張床上。在腦海裡告訴自己，我是一個非常好的人，而我想改寫自己的程式，擺脫任何與那特定聲明矛盾的想法。

再次提醒自己是個很棒的人，因為覺得自己很棒，會有一個很棒的人生，會交到很棒的朋友，會有很棒的健康和細胞，從這一點來自我肯定，重新改寫自己的人生方程式。我說過，所謂的實習神明不只是在人生當中的演員，也是導演和編劇，而且我一直告訴大家，要趕快得奧斯卡最佳劇本改編獎，如果不喜歡過去的人生，不喜歡這個爛劇本，可以開始改編人生劇本。

下一步，溫和地再提醒自己：「我是個非常好的人，」加上：「表達我自己的能力是好而安全的，因為在如此做時，我表達了宇宙本身的能量。」因為是很棒的人，所以表達能力是好的，而且是安全的，宇宙會幫忙開路，宇宙的能量會自動護持著。而且在如此做的時候，表達了全宇宙的力量。我再講一次，所有得癌症的人，都是把自己的力量魔術性的轉移給癌細胞，然後再請一些雜牌軍來幫忙對付癌細胞。請開始做這個練習，不管在人生當中遇到什麼阻礙，當下以這樣的信念重新建構新的人生。

相同意義的不同句子可能來到自己的腦海。倘若如此，將它們取代賽斯給的句子。這就是賽斯很棒的地方，他沒有說他的句子是對的，每個人用自己的版本。有數不清的、可用的有利練習，但賽斯在此只提及顯得最有益的幾個。那麼，另一個練習是，再次儘量放鬆自己。如果有某些疾病，不管是腰酸背痛、糖尿病、高血壓，任何的疾病，想像它是點點灰塵。告訴自己，能看入身體。可能看見街道或大路，而非肌肉與骨骼，而隨順著顯現出的影像。舉例來說，可能看見沿街有著泥土或垃圾的街道。那麼，在腦海裡看見自己將殘礫掃乾淨，叫卡車來載垃圾去一個垃圾堆，在那兒可以看見所有的垃圾燒毀而消失在煙霧中。

我講過，做這個練習可以放垃圾車的音樂，煩惱很多的人，請垃圾車直接開進腦袋，然後有一個很認真的環保人員，一鏟一鏟的把腦袋裡的煩惱剷到垃圾車上。有心血管硬化的人，垃圾車直接開到主動脈，趕快把垃圾車開進身體骨頭、關節，把所有病痛運到焚化爐燒掉。

一定要開始做這些內心的功夫。不會做的人，可以錄下垃圾車的聲音，每天運一點點，自己找時間做，早晚一次，清運內心的垃圾，把所有身上的病痛運走。第一階段還記得嗎？我是一個很好的人，表達我的能力是好的，而且是安全的，因為在這麼做的時候，我表達了宇宙本身的能量，然後以各種想得到的方式，叫卡車來把疾病載走燒掉。

賽斯講，換個方式也可以，代替剛概述的戲劇，反之，可以看見入侵的軍隊，攻擊自家的軍隊。在這樣的一個例子裡，看見侵略者被逐出。看見的畫面會跟隨自己獨特的傾向和特性。這是告訴各位要找自己的版本，也許有些人是土匪，有些人是希特勒的軍隊，有些人是外星人，用最貼近自己的版本，最能呼應內心的畫面。要自己做，越做會越有心得，這就是在幫助各位掃除架構一與架構二之間的障礙，要開始全然打通到架構二之間的力量。

以前我開過玩笑，所謂的架構二，在哈利波特裡面就變成了霍格華茲學院，九又四分之三月台就是通往架構二的門戶，在架構二所有的一切都是神奇的發生，為什麼像哈利波特這樣的小說會瘋迷全世界？因為它就是用小朋友能夠理解的方式在描述架構二，不要以為這種書跟賽斯書不一樣，其實一模一樣，很多人在讀哈利波特，不曉得這就是在講賽斯的架構二。

我也說過，不懂得魔法的人叫做麻瓜，不知道自己是實習神明的人就是麻瓜，麻瓜雖然看過賽斯的書，不瞭解自己是實習神明，不知道自己可以創造自己的實相。請各位去釋放內在的能量，釋放內在身為實習神明的潛能。

・呼喚無意識的自己，要求提供影像，將有助於擺脫人生的困難

自己之無意識層面只有從我們自己的觀點看來才是無意識的。實際上，無意識是相當有意識的，而因為它們的確在處理身體之自發性過程，心跳、血壓、血糖、細胞、DNA的運作，都是無意識的心智在掌控的。而無意識的部分對我們自己的健康與幸福狀態也是全然熟悉的。

我們也能跟那些部分溝通。再次的，儘量放鬆自己。舒服地坐在椅子裡或躺在床上。可能椅子要更好，因為如果是躺著的，可能很容易睡著。睡著了就補眠吧！能將自己的所有這些部分叫做助手、老師，或最適合自己的不論什麼名字。只去做一個直接的要求，要求一些畫面或影像展現在我們的內心裡，它將代表我們自己內在實相的那些部分。

所以不要驚訝，因為可能看見一個人、一個動物、一隻昆蟲，或一個風景——卻信任收到的不論什麼影像。如果那個影像彷彿是一個人，或天使，或動物的影像，那麼，叫它跟你說話，並告訴你如何最有效地擺脫你的疾病或問題。

安靜坐著或躺著，然後呼喚自己無意識的部分，無意識的部分掌控關節、心跳、血壓、血糖、幸福、健康。也就是說，有意識的自己開始呼喚無意識的自己，把它叫做助手也好，叫做老師或什麼名字都可以，直接要求，叫它顯現在面前，它可能是一隻動物，可能是一個人，可能是一個天使，可能是拿著甘露水的觀世音菩薩，每個人都不一樣，去找到最適合自己的那個畫面，直接問它：「如何最有效的擺脫我的疾病或問題？」不要以為這只是一個想像的過程，它就是動員了內在自我療癒的力量最有效的方法。

比如說，如果遇到人生的困難，一樣要呼喚無意識的部分，然後直接問他應該怎麼做，就彷彿有意識的讓自己做一場白日夢，請求內在無意識的自己直接說出接下來想要走的人生道路。對有些人來講，可能是一隻老鷹、一隻神獸，或是先知，或只是一塊石頭，叫萬應公，或是土地公都有可能。呼喚內在的力量，以實習神明的身分，呼喚內在無意識的自己，這是每個同學都應該要學會的，因為這的確是我們內在的力量，只是過去一直把力量給了別人，給了所謂的宗教，給了所謂的大師，不要再傻下去了，真正的力量來自內心。

請求內在那個無意識的自己來幫忙，直接對它要求，要求畫面和影像來幫忙擺脫人生的困難、擺脫身上的疾病。今天講了很多練習，請大家回去真的要做，我下次上課來帶這幾個練習。

第
59
講

59-1

‧冥想練習一：清掃體內的灰塵，將疾病化為灰燼

記得關手機，我們來做練習，儘量放鬆自己，閉上美麗的雙眼，舒舒服服的坐著或躺著，全身的骨頭、肌肉、關節、細胞，統統放輕鬆，從頭到尾椎放輕鬆。

每個同學在腦海裡告訴自己：「我是一個非常好的人。」然後把所有覺得自己不好的想法與信念拿掉，再一次，在心裡告訴自己：「我是一個很好的人。」再一次在心裡面用溫柔的語調提醒自己：「我是一個非常好的人，表達我的能力是很好的，表達我的能力是安全的，因為在表達我的能力時，我也表達了宇宙本身的能量，因為我就是宇宙的一部分。」再一次的放鬆自己，頭腦放輕鬆，關節放輕鬆，五臟六腑、細胞統統放輕鬆。

現在，假設身體有不舒服的地方，或是身上有某類疾病，在腦海當中，把那些不舒服及疾病想成是點點的灰塵，現在可以看進去你的身體，假裝身體是透明的，假

裝你現在就像看X光，看電腦斷層，看核磁共振、超音波或正子攝影，身體有病的地方、不舒服的地方，就像是天花板、地板、街道、馬路上的灰塵及垃圾堆。如果身上有癌症的同學，想像癌症是大馬路上的一堆泥土與垃圾。

現在每個同學的心靈非常清澈、非常透澈，看到自己拿著掃把、清掃工具，清掃身體某處垃圾、灰塵，彷彿開始把身體裡面的病痛，一點一滴的清掃乾淨，去除身體當中的不舒服及病痛。現在在腦海當中看到你正努力的、充滿力量的、快活的清掃這堆垃圾，同時身體也相對應的在自我療癒。

現在，身體裡面的不舒服及病痛被你清掃了，集中了，有一輛卡車進來，把掃好的垃圾載到垃圾堆去，放一把火，把那一堆垃圾和灰塵都燃燒乾淨，而那堆垃圾化為一陣煙霧，然後隨風而逝。

放鬆自己，看到整個過程一直在進行，隨著灰塵、垃圾清除的過程，身體也漸漸恢復健康。如果覺得自己的病比較重的人，麻煩開十輛卡車進來，總有載完的一天，卡車開進來了，你可以看進去身體，病痛彷彿情緒的垃圾被清除了、燃燒了，化為煙霧消失了，感覺自己全然沉浸在這神奇的過程，感覺所有的病痛化為灰燼。

感覺自己越來越輕鬆、越來越健康。現在看到所有的垃圾都燒掉了，化為煙霧，身體裡面的街道代表著你的血管、肌肉、神經，馬路再度乾淨了，一塵不染，代表著身體又重新恢復了健康、活力。再一次放鬆自己的身心，對這一切充滿了信心及喜悅。

我們數到三結束這個練習，一、二、三，大家可以睜開眼睛。這個練習可以在家裡按照上面的過程自己做，不管是身體的病痛或是心裡面的煩惱，也可以把煩惱當作是垃圾，用同樣的方法幫助自己，尤其是覺得身體不舒服時，試著做做看，當然這樣的練習也要搭配賽斯心法。

59-2

• 冥想練習二：與內在無意識的自己對話

接下來要做第二個練習，閉上美麗的雙眸，再次的，儘量放鬆自己，如果睡著的話，打呼不要太大聲。

放鬆自己的身心，現在呼喚每個人內在無意識的自己，這無意識的自己負責處理身體所有自發性的過程，這無意識的自己全然熟悉我們的健康及幸福的狀態。你可以把這內在無意識的自己，當作是一個助手，內在的救助者、內在的老師、藥師琉璃佛、無上的醫王，或是你神性的自己、守護天神、偉大的身體意識。找一個自己喜歡的名稱來稱呼這無意識的部分，它全然了解你身體的過程，全然能夠幫助你回到健康及幸福的狀態。

現在你向內在這無意識的自己、這助手、這老師，也就是內在掌管幸福及健康的部分，掌管了身體自發性的過程，直接要求出現一些影像或畫面，顯現在內心及腦海當中。現在各位的腦海當中，可能出現一個人、一個天使、一隻神聖野性的動物、昆蟲或一片美麗的風景，一個你能與之溝通的影像及畫面。

這個影像在眼前開始跳動，你覺得這就對了，這個影像代表了你內在擁有偉大自我療癒能量的象徵，一個人、天使、一隻神獸、飛天馬、獨角獸或目光銳利的老鷹，展翅高飛，代表了你內心無盡的健康及幸福；或是一隻北極熊如此的野性，代表了身體無盡的能量及活力；或是一片美麗的風景，代表了你內在有智慧、有偉大自我療癒力的部分。

現在你所看到的影像，活生生地出現在眼前，用心靈跟他對話，請問他：「你可以告訴我，如何以最有效的方式擺脫我的疾病、病痛或問題嗎？」不知怎地，它會顯現給你復原的道路或問題的解決之道，想像你心中的這個人、這隻動物、昆蟲，或是天使、觀世音菩薩、藥師琉璃佛，開口跟你說話，給你答案，他告訴你要如何有效化解人生的困難和病痛，帶給你健康與幸福。

在你的心中，讓這個對話浮現。他開口說話，指引你問題的答案、復原的方向。這內在的療癒力量、這偉大的復原力量、這不可思議的智慧、這莊嚴的神獸，指引各位邁向幸福健康。現在每個人都感覺自己收到了想要的答案，例如解決一段痛苦的關係、換一個生活環境、調整自己的心態、找某一個人溝通、做一件自己一直想做卻從未有勇氣去做的事。

打開所有通往架構二的道路，清掃內在的溝通障礙，收到了所有能讓你最有效復原的方法。身體最清楚如何療癒自己，身體這偉大自我療癒的部分，正在指引各位最有效的療癒方法，現在每個人在內心都收到了這答案。

現在各位內在無意識的自己，自我療癒的那部分，能夠幫助你邁向幸福及健康的那一部分，對你說話了，直接告訴你要如何才會健康，可以如何解決自己的問題，你收到來自內心深處的答案。

所有的同學收到了你要的答案，真的用決心與行動去貫徹收到的指示。再次把所有限制性的信念拿掉，自然的攻擊性就是去行動的力量。數到三，張開眼睛，一、二、三。

我最後總結一下這兩個練習的精髓。第一個練習在於把病痛視覺化，在佛法裡面有個叫白骨觀，觀不淨、觀白骨、觀放光，在我們這裡一樣來修煉，想像病痛就像身體裡面的灰塵、黑點，照過骨頭掃描的有沒有看過黑點？照過X光、超音波、電腦斷層的，有沒有看到那個地方白白的？做這個練習時，把它想成是身體裡面的灰塵、垃圾，然後掃乾淨、清運，燒毀化為煙霧。

再來，我們常講，身體有偉大的自我療癒力，身體最知道自己，你的內在有一部分的自己，你人性的自己及內在神性的自己。這個練習等於直接呼喚內在神性的自己跟你說話，是天使、是神獸、是昆蟲，告訴你如何才能最有效找到人生的方向、解除身體的病痛。直接要求與你內在這部分對話，傾聽內心的神諭，他將帶領你、指引你。希望各位能夠採取行動去貫徹收到的指引，按照我剛才帶領的過程來呼喚內在神性的自己，其實這樣的練習也是在呼喚宇宙的力量。

59-3

•生命即表達，表達就是溝通與交流

（《健康之道》第四〇四頁倒數第二行）我們之前講兩個練習，再幫大家複習一遍。第一個練習是，儘量放鬆自己，舒服的坐著或躺著，在腦海裡告訴自己，我是一個非常好的人，這個練習分分秒秒、時時刻刻都要做。比如說，失戀時告訴自己：「我是一個非常好的人。」大學考試落榜時告訴自己：「我是一個非常好的人。」被公司開除的那一天告訴自己：「我是一個非常好的人。」跟爸爸、媽媽吵完架，被爸爸罵不孝，回到家告訴自己：「我是一個非常好的人。」因為這個練習是時時刻刻提醒自己存在的本質。

而你想改寫自己的程式，擺脫任何與那特定聲明矛盾的想法。意思是說，要不斷告訴自己：「我是一個非常好的人。」可是說完後腦海中會不會出現旁白？會，那旁白就代表了需要改變的信念，比如說，覺得自己不夠有成就的人，怎麼認同自己是非常好的人呢？這時就告訴自己：「是的，我是一個非常好的人，只是還沒有找對自己的方向，在世俗上成就還沒顯現出來。」

或是同學告訴我：「許醫師，我失業三年了，都沒賺到錢，要靠父母接濟，我怎麼可能是一個非常好的人呢？」趕快再修正，跟自己說：「我是一個非常好的人，現在暫時失業三年，靠父母的愛和錢支撐我，未來我一定會找到屬於自己的價值。」如果被拋棄三次的人，就要跟自己說：「我是一個非常好的人，就像芥末醬一樣，只是還沒遇到一個喜歡吃芥末醬的人，或是我還沒有學會吸引愛我的人，因為我還不夠愛自己。」

很多時候我們常講：「我是個非常好的人，但是、可是……。」現在各位不要這樣做，說了「我是個非常好的人」，然後把所有跟這句話矛盾的東西加上橋梁信念，朝向自己的確是一個非常好的人，這是第一個練習。

第二個練習是什麼？「我是個非常好的人。」加上：「表達我自己的能力是好而安全的，不只是好而安全的，我還要加上是對的，因為在如此做時，我表達了宇宙本身的能量。」這句話後來我做了延伸，就是生命即表達，感受要表達、思想要表達、快樂要表達、喜悅要表達，要學會做自己、愛自己，過自己要過的人生，成為自己想成為的人，做自己想做的事，這就是表達的意思，凡所有的內在都需要去表達出來。

表達要不要學習？要學習，要智慧，表達要不要過程？要過程，所以不會剛開始表達就很好，不一定，有可能會死得很慘。舉例來說，像最近在門診我輔導一個乳癌患者，一直在幫她找為什麼會得到癌症的內在壓力，除了工作壓力之外，後來找到一件事情就是婆媳問題，因為她先生有五個兄弟姊妹，可是婆婆永遠住在他們家，對先生來說這樣沒問題，因為先生是孝子，可是對於媳婦壓力很大。

我要她去思考：「請問婆媳問題的壓力，會不會也是妳得到癌症的原因之一？」她問我怎麼辦？我說：「許醫師不會告訴妳怎麼辦，妳要去思考，而且要開始去想辦法，要開始覺得妳有力量。」她說沒辦法，我說：「妳不能跟我說沒辦法，妳要去想辦法。」

後來她回家去跟先生吵架，對先生說：「許醫師說我得乳癌是因為你媽媽。」她就跟先生要求提出離婚，先生像隻瘋狗一樣打電話來罵人。首先，心理治療是很個人性、很隱私的東西，診療過程的內容，在當時的情境是作為工具，都是為了治療之目的，只有當事人知道，任何的轉述皆不予討論，所以她先生的電話我沒有回，因為我不能跟他討論個案隱私，如果他有痛苦，歡迎來掛號。

她先生就說：「哪有醫生叫夫妻離婚的？哪有醫生跟病人說她會生病是因為婆媳問題的？」許醫師有沒有叫她離婚？我當然不會這樣說，如果真的這樣說，也是為了刺激個案去思考，為了治療之目的，否則她的婆媳問題關我什麼事？但是經過這種事情，許醫師會不會繼續表達？當然會，雖然我個性裡面有膽小、害怕衝突的一面，但是我知道我是出於善心，必須點醒這個病人，所以會為了我要做的事情持續表達，我還是請特別助理打電話給她先生，讓他理解這是治療的過程。

我也用這個例子來講，在我們的認知裡面，表達不一定一開始就會很好，許醫師的表達有時候會不會被土石流淹沒？很多人學了賽斯、學了新時代，回家跟家人表達，家人就會說：「你看，學了什麼邪派的東西？本來脾氣好的，現在開始發脾氣，本來都是忍耐的，現在開始抱怨了。」對不起，這是過程。原則是：生命一定要表達，因為表達就是溝通、就是交流，而且表達不見得是為了讓對方改變，表達是為了誰？自己。

很多人說：「我說了沒有用，他不改。」說的目的不是要有用，不是為了要他改，就像我們常講，說實話不是為了要得到原諒，沒得到原諒就不說實話嗎？說實話是在於能量的釋放，是為了釋放自己，讓自己心裡不再卡住，代表願意面對，不是為了對方改變或得到原諒。如果說實話是為了得到原諒，如果對方不原諒，就不說實話，那就是條件交換，居心不良。

很多人之所以不表達，是因為說了對方不聽也不改，情況沒有改善，於是懶得再說。我要告訴他們，就算有溝沒有通，還是要繼續大量的溝，生命是要持續不斷的表達，自然會找到出路。一而再再而三的說，說到後來，能量自然會改變，而說的目的不是為了要對方改變，不是為了要對方照做，說的目的是為了交流、釋放能量，所以生命即表達。

在如此做時，表達了宇宙本身的能量。表達時也重新連接宇宙的能量，達到天人合一的境界。如果不表達，能量會塞住，會憂鬱、躁鬱、生病、不快樂、失眠、得癌症，因為巨大的能量無法表達，到後來會覺得活著沒意思，所有的癌症背後，都有一個活著沒意思的潛意識在作用。為什麼活著沒意思？因為表達不出來，沒辦法過最想過的人生、做自己想做的人，每天都身不由己，又改變不了讓自己痛苦的環境。

下面那個練習還記得嗎？是清除毒素的練習。這個練習的配樂是垃圾車的音樂？想像水泥車、垃圾車、資源回收車，像開進大馬路一樣開進心臟、冠狀動脈、腎臟、腦神經，然後清除毒素，清運走了或就地焚毀。下次不舒服或發燒時，就想像有賽斯牌垃圾車在體內運轉，清除內在的毒素，例如有B型肝炎的人，把B型肝炎病毒請出去。這是在連接宇宙的能量，所使用的就是一切萬有、神佛的能量。人經常累積很多毒素，最重要的是感受的清除、思維的清除，要認真做這個練習。

• 宇宙的能量一直覺察到我們的存在，呵護著我們

再來，第三個練習，做一個直接的要求，要求畫面或影像展現在你的內心裡，它將代表你自己內在實相的那些部分，然後跟那個影像求助，比如說，遭遇到一個人生困難，直接跟內我、守護神、守護天使、超靈、佛菩薩求助，不是廟裡的佛菩薩，而是自己心裡的佛菩薩，向祂呼求，請祂直接告訴你：「我可以怎麼辦？」請他直接為你指點明路，直接跟內在的自己禱告，要求一個直接的回答。

賽斯說，當你做這個要求，開始冥想。那個形象可能是一個人，一個動物，一隻昆蟲或一個風景，就是神性、佛性、超靈或活菩薩、守護天神，會以某一個個人化的形象出現，可能是一隻神獸、一片風景、基督的畫像或聖母瑪利亞，不管任何東西，都只是呼應出你內在神性和佛性的自己，叫它跟你說話，並且直接希望它來教你最有

效地擺脫你的疾病或問題。

這就是修行，直接跟內在的超靈禱告：「我親愛的超靈啊！我現在面臨財務危機，可不可以請你直接告訴我怎麼辦？」「我親愛的超靈啊！我面臨感情危機或癌症危機，請顯現給我，告訴我該怎麼做。」「親愛的超靈啊！我有孩子的問題，他最近都不回家，或是之前常常帶不同的女生回家，聽說還拍了一些影片，請教我怎麼幫我的兒子。」一直接跟內在神性和佛性的自己禱告，請祂直接提供答案。在睡前或冥想時做，禱告完了，眼觀鼻、鼻觀心、心觀自在，把自己心放輕鬆就好，靜候佳音，這是第三個練習。

做這個練習時，如果出現了一處風景，那麼，要求一連串這樣的影像，它再次地會不知怎地指向復原之路，或問題的解決之道。內我會直接回應你，直接指引你，怎麼樣才會健康，怎麼樣才可以解決問題。做這個練習不一定第一次就會成功，但是要持之以恆，祂會直接教你如何恢復健康，而且能解決問題。

然後，貫徹你收到的不論什麼答案。賽斯說的是信心，第一個，試著信任看看，第二個，去採取行動，當然原則是不得傷害自己和他人。按照所收到的答案，直接去貫徹這個行動，不要做了練習或呼應到內心了，又不去行動，那麼給你再多的答案也沒有用，一定要開始採取行動。

在所有這些例子裡，你在打開架構二的門，清掃你的溝通管道。我們以前講過架構二，就是我們的神性和佛性運作的地方，打開架構二之門，清掃我們的溝通管道，這是未來的人類能夠直接跟內在的神性和佛性連結，再也不透過宗教了。

既然我們的肉身本身是由驅策宇宙的那能量本身所組成的，那麼，沒有關於我們的任何東西是那能量不覺察的。肉體是由神性所組成，所以神性當然覺察得到你，你就在神裡面，神就在你裡面。宇宙的能量一直在覺察你的存在，呵護著你。很多人只想找到神，後來有一次魯柏開悟時突然明白，我們從沒有離開過神，就像從小到大離開過空氣嗎？沒有。

只要對你自己重複這些想法，就能有釋放壓力，及加速療癒過程的結果。賽斯在教方法，這個方法是對自己重複這些想法，例如告訴自己：「我的身體是健康的，身體有偉大的自我療癒力，身體是由宇宙最神聖、最有智慧的能量所形成，身體是它自己最好的醫生。」常常對自己重複這些想法，一遍、兩遍、三遍、十遍、一百遍、一千遍，就變成腦海中的一部分了。

像剛才那一句話，我們的肉體是由宇宙的能量所組成，所以宇宙當然覺察到我們的存在，只要我們對自己不斷重覆這些想法，就開始釋放壓力，加速療癒的過程。包括我一直講生命即表達，下次大家有話就不會壓抑，因為已經建構「生命即表達」的信念了。

59-4

‧盡一切可能將幽默插入生活情況裡

（《健康之道》第四〇七頁倒數第二行）再次的，該盡一切可能將幽默插入生活情況裡。我的人生觀是什麼？我是來人間出差、旅遊、學習、考察兼玩耍，這是所能找到最好的人生觀。一旦痛苦，就表示入戲太深，我們是藉由來當人類，藉由擁有肉身來開啟實習神明的生涯。當人類只是短暫的，有一天各位都不會是人，也都會離開人類的階段，但是當人類是學習成爲實習神明的重要階段和訓練，藉由擁有肉身來認識自己是實習神明的身分。

該盡一切可能將幽默插入生活情況裡。舉例來說，病人可以開始從雜誌和報紙蒐集笑話，或滑稽的卡通。在電視上看喜劇將有幫助——那麼，事實上，任何令病人愉快的分心之事也一樣。很多病人念茲在茲的都是病，不是醫病，就是養病，運用剛才的邏輯理論，越去做分心的事，越讓自己開懷大笑，就越容許內在實習神明的力量來幫忙療癒。有時候越養病，越盡一切力量去醫病，其實散發出來的是負面能量，反而在妨礙身體自我療癒，扯身體的後腿。

像我搬重物腳踝或背扭傷時，不會去推或揉，第一個動作是完全不動，讓內在的實習神明開始自我療癒。很多大家在追求健康的過程，都是在扯身體的後腿，有時候反而要讓自己開心去做分心的事，做什麼都可以，就是不要跟病有關，忘記身上的病痛。

我常跟各位講，去想疾病，去想那些令自己擔心的事，請問在想的時候是開心的想還是難過的想？煩惱的想還是恐懼的想？大多都是帶著負面的情緒想，而不會是以正面、光明、積極的心態去想最令人頭痛的事，所以才會越想越糟糕。

賽斯講過，有時候把焦點移開，反而事情看起來沒那麼難了，去做所有令人分心的事，去做所有忘記自己有病的事。發生最大的困擾時，也許唯一要做的就是讓心離開那個困擾，而不是去解決那個困擾，因為越解決有時候越糟糕。

字謎及其他的文字遊戲也會有益，縱使只在腦海裡做。我第一次看金庸小說時，好像是在高三、高四吧！每天就是沉迷，因為我很清楚我在療情傷。每個人都有自我療傷的方式，對我而言，那時候唯一能止痛的方法就是金庸的小說，我可以站在書局從早上八點看到晚上八點，從那時候跟金庸小說結下不解之緣。

• 學習一些全新的知識領域，對病情會大有助益

這裡賽斯提供文字遊戲、字謎，或教病人開始學習一些全新的知識領域，這輩子沒接觸過的，例如很少有人接受過舞蹈訓練，如果癌症的同學下定決心，在癌症復發死掉之前要當專業舞者，即使到最後只是業餘的半調子也沒關係，開始接受專業舞者的魔鬼訓練，對病情會大有助益。因為投入在一個全新的領域當中，整個生命觀會改變，念茲在茲的是腳要怎麼放？會不會被罵？根本沒空去管有沒有癌症。

全心投入另外一個新領域時，會忘記自己是誰，而在忘我的時候，神性就會出現，實習神明一出現，身體就會以最快的速度自我療癒，恢復青春與活力。請問大家曾幾何時達到忘我的境界？還是永遠念茲在茲，記得自己是誰，記得自己在做什麼，記得自己有病。

教病人開始學習一些全新的知識領域——例如，學一種語言。我們有一位巴基斯坦的同學，請他來教大家說巴基斯坦當地的語言，會覺得很有趣，因為會開始用完全不一樣的腦筋思考。這位同學那時候很沒有自信，我一直鼓勵他：「你不要這麼沒自

信，你可能是全巴基斯坦上億人口裡面，中文講得最好的一個，而且還會看中文字，光這一點，你哪有資格自卑？」

學習一些全新的知識領域，學一種語言，或研究在任何領域裡，吸引他的，不論什麼可能的書籍。前陣子我在高雄對一個得癌症的同學開罵，他得了肺癌第三期，後來轉移到腦，我跟他說：「你從開始接觸身心靈的觀念，許醫師跟你說過多少件你可以去投入的事，你聽進去我哪一句話？我講我的東，你永遠做你的西。你從一路第三期現在轉到腦，從來沒有去嘗試任何一件我說你可以去做的事。」

我為了幫助大家，找事情給大家做的時候，通常不會只說一件，起碼放出十個可能性，從十個裡面起碼挑一個，先不管做不做得到，至少要有嘗試的精神，做個三次讓我看一下。後來那個同學開始改變了，參加中心的讀書會，有一次還帶著一張POP的海報說：「許醫師，每次我去聽你的演講，看到你們工作人員手畫的海報，實在受不了，以後海報我來做。」

他不會做POP的海報，叫兒子教他，開始改善親子關係，設計海報拿到演講場地貼。以前他只專注他的病，他現在告訴我：「許醫師，我朋友的小孩當警察，二十八歲，很不成熟，卡債一千多萬，他的爸媽都快瘋掉了，只希望他能保住警察的位子就好。後來他們打電話給我，叫我去跟小孩子談一談，我這一陣子學的親子溝通正好派上用場。」

他是得了肺癌來求助，但是我常會告訴大家，每片CD都要聽，不要只聽癌症，因為治療是全面的。他把學到的親子溝通觀念和技巧拿去幫助那個二十八歲的年輕人，年輕人竟然願意聽他說，而且開始改變，於是他從運用賽斯的觀念去幫助別人而得到成就感，根本不理肺癌轉到腦會不會死這件事。也開始去學自發畫，把內我、把內在的感覺畫出來，讓情緒可以疏導。

我不知道接下來會如何，至少我覺得他整個人開始不一樣了，不要只聽我說的話，要聽我說的話背後的意思。經過那一次被我痛罵之後，他真的拿回力量，因為我跟他講，我對有的肺癌病人很沒力，永遠我講東，他做西，或是做表面功夫應付我一下，我建議大家儘量開始去做自己能做的事。

- **精神性地玩遊戲，有助於給意識心一個需要的休息**

越能積極而全然地投入這樣一種分散注意力的東西，就越好。然而，如果什麼都做不到，躺在那邊唉唉叫可不可以？精神性地玩遊戲。以前科學家做過一個實驗，放影片給全身癱瘓的人看，讓他們想像自己在打高爾夫球、練健身，過了幾個禮拜去測他們的肌肉，結果肌肉強度增加。光是躺在那邊想像自己在運動都會健康，細胞真好騙啊！怎麼個好騙法？例如一個被家暴的婦女，每次被先生打得像熊貓，不用先生舉起拳頭，只要一想到他，就會開始冒冷汗。既然細胞這麼好騙，為什麼不騙它病已經好了？大家會用了嗎？

精神性地玩遊戲，也能相當有效，而有助於給意識心一個需要的休息。賽斯不鼓勵大家全心全意去找哪一個醫生，找哪一種藥，盡一切方法來醫病，而是盡一切可能的讓自己分心，忘記自己有病，提醒自己是實習神明，想一想不會死人啊！細胞真好騙，越能積極、全然投入令人分散注意力的東西就越好。

在所涉及的無論什麼治療裡，該做所有的事以保證給病人提供幫助。病人該透過醫病討論得到足夠的教導，去做關於治療的抉擇。就是自己必須參與抉擇，我一直告訴大家，自己決定要不要做某個治療，因為重點不在於做的決定對不對，而是一旦願意做決定，就會有力量。

決定沒有對錯，帶著信心而做的決定，就算錯都是對的，因為會走出那一條路。我講過，沒有對的決定，只有對的心情，我們終其一生害怕做錯決定，那是卑微的人，實習神明不是這樣子，實習神明做錯了決定，也有能力把它變成對的，不是硬拗，而是真的走出來，因為有時候塞翁失馬，焉知非福。一般人就是用人類卑微的思考過著卑微的人生，很多時候我們要自己參與做決定。

不過，在某些例子裡，病人清楚地表示，他們較喜歡將治療的所有責任交給醫生，而在這種例子裡，該隨順他們的決定。隨便吧！賽斯永遠會尊重大家心裡的感覺。有時，醫生詢問病人是件好事，以確定那決定不只是一時興起的。下面那句話很重要，任何時候只要可能，病人留在家中都遠比穩定地住在醫院裡要好得多。從生理學來講，醫院是很多病菌的地方；從心電感應來講，醫院充滿了所有相信自己是有病的人的信念；從磁場來講，醫院是所有生病的人一種沮喪的展現。

但是有時候，對某些人來講，離開家病就好了。住院病很快好，不是因為醫院好，而是因為醫院是離開家的地方，像昨天香港一個同學好好笑，她結婚兩、三年，全身都是病，甲狀腺腫大、憂鬱症、幻聽、想自殺，泌尿道也出問題，幻聽告訴她：「跳樓吧！窗戶打開跳下去吧！」後來有一天幻聽跟她說趕快逃家，她二話不說，護照、身分證、印章帶著就跑回娘家。最近朋友都跟她說，怎麼一個失婚的女人越來越健康快樂？

我舉這個例子是要說，因為她的婚姻很痛苦，不斷受到折磨和虐待，沒辦法在那個家活下去，後來她選擇先逃走再說，先讓自己有命，再開展未來。所以有時候對某些生病的人來說，離開工作或痛苦的環境，會暫時讓病好很多，但是終究還是得回去面對，我們絕對不會鼓勵大家逃避。所以賽斯並不是很鼓勵大家住院，相反的，病人應該被自己所愛的人包圍，用這樣的包圍來重新喚起內在的意志。

今天的課程我要大家感受到我的語重心長，也感受到我真的是來鼓勵大家進入實習神明計畫，努力投入實習神明運動，那是人類在這個時代裡面所能做的最棒的心靈改革、心靈進步，也希望透過這樣的方法來幫助各位更健康。

第60講

60-1

•很多人因為安全感不夠，就用生病來試驗自己是否被愛

在《健康之道》裡面，賽斯說很多小朋友生病背後常常有幾個原因：第一個是試驗，第二個是討愛。為什麼小朋友要試驗和討愛？因為很多小朋友在跟父母相處的過程中，不知道自己是不是被在乎？是不是真的無條件被愛？

意思是說，小朋友是因為懂事體貼、功課好、做家事、沒有作奸犯科，才得到爸媽的肯定和愛？還是無條件被愛？家裡有沒有重男輕女？有沒有因為功課不夠好而被爸媽指責？或爸媽是否對孩子期望過高，而讓孩子永遠覺得自己不夠好，讓父母沒有面子？對很多小朋友來說，不喜歡上課，但又擔心父母會生氣、會不要他，怕考試考不好會被責備，小朋友最怕父母不喜歡他，於是透過生病來逃避。

有一次我問同學：「到今天為止，你有沒有覺得讓爸媽放心？還是讓爸媽擔心？擔心結婚了沒用？嫁得好不好？薪水高不高？身為子女，會不會害怕達不到爸媽的期

望？縱使讓父母擔心失望了，在父母的心目中，你仍是被愛的嗎？」

老實說，我們所有人的內心都種下了不安全感，導致面對權威時會產生問題，例如就業後怕表現不夠好，老闆不肯定自己，或是在婚姻生活中，對自己沒有安全感。

我要問大家，過年回公婆家，可以睡到自然醒嗎？抱著不要臉的信念，想說反正公婆喜歡我。還是一早七點要跳起來？否則擔心自己可能會被挑剔、被討厭。

我們對於自己在親近的人心中，其實安全感不夠，經常報喜不報憂，總是戰戰兢兢，一定要達到別人的期望。為什麼每天上班都不敢遲到？為什麼過年都要回去幫忙公婆？為什麼所有事情都要一肩扛起，做到讓人家沒有話說？就像小學生不能漏掉老師交代的任何事，而這些非常負責任的行為，背後可能是缺乏安全感。

比如說離婚或生病了，不敢讓爸媽知道，美其名是不想讓他們擔心，但背後有沒有可能是覺得自己不夠被愛？多少成年人生病其實是為了討愛？很多時候感冒才能請假，累出病了才能把工作辭掉，中風了才能放下。可是放下了，不工作在家心安嗎？毫無罪惡感嗎？一般上班族如果辭掉工作，在家無所事事一個禮拜就知道了，我試過，有一次我要去大陸，因為一些原因臨時從飛機上逃下來，然後就多了五天沒有排任何活動，真的很不習慣。

這是因為安全感不夠，包括我在內，也許我們達到了父母的期望，懂事、認真負責、追求完美，其背後是什麼心態？萬一我不夠好，對於我被愛這件事我肯定嗎？萬一我懶惰、犯錯了，會被接受嗎？

所以很多人就用生病做試驗，試驗是否被愛、被關心？舉例來說，某甲離婚了，也許不敢回家讓父母知道，怕丟臉，直到爸媽告訴她：「孩子不要怕丟臉，妳就是回來，父母永遠接納妳，就算親戚朋友說閒話，我們也不在乎。就是多一付碗筷，爸媽有的吃，妳就有的吃，娘家永遠是妳的家。」於是她才會發現，即使丟父母的臉，還是被愛的，這就是信念的改變。原本的信念是：「我不能丟臉，否則爸媽可能會不喜歡我，不愛我。」現在是：「就算我讓主管沒面子，主管還是會肯定我和接納我。」

• 如果對自身存在的正當性不確定，就會一直想證明自己的價值

如果一個家庭主婦打掃家裡、帶小孩，甚至連小孩也生不出來，只負責照顧先生的生活起居，安排好自己的生活，搞不好連做飯都很難吃，實在不知道為什麼而活，這樣花先生賺的錢會心安嗎？要是心不安，表示什麼？表示她覺得自己不夠有價值。大家對於自己是有價值的這件事，真的建立信念了嗎？

得癌症的人，回來問自己：「為什麼而活？真的有資格活著嗎？」我們多少人的心中，對於自己是否有價值會打問號，不確定自己在父母的心目中是否無條件的被愛，所以很多事情害怕衝突、追求完美。害怕衝突就是不敢說出心裡的話，因為衝突會得罪對方，關係越來越糟，縱使不舒服也不講，背後的原因就是對自己是否被愛沒有安全感。今天如果很肯定自己是被愛的，就像我有十面免死金牌，可以在皇帝面前胡說八道，等用到第八面再小心一點。如果我擔心隨時會被拖出去砍頭，不管皇帝說什麼，我會說皇上萬歲，連一句真心話都不敢講，因為沒有安全感。

為什麼不敢做自己？為什麼不敢說出真正的感受？為什麼怕被人家說自私？為什麼不斷委屈自己、為別人付出、替別人著想？一切的根源就是沒有安全感。如果公司是我爸爸開的，需要跟這些人低聲下氣嗎？不必，不是說爸爸開公司了不起，而是這樣我就不會擔心隨時被開除，那個背後是什麼？安全感。

為什麼不敢在別人面前發脾氣？只敢兇家人，不敢兇外人，在辦公室像隻哈巴狗，在家脾氣壞得很，很多家暴的男人都是這樣子，因為壓抑。很多人在婚姻中，為什麼要不斷討好先生、太太、公婆？因為對自己存在的正當性不確定。賽斯說，很多人需要把自己的存在合理化，意思是我不能沒有工作，我要賺錢，我不能沒有貢獻，一定要有價值，不能讓人家看不起，不能是失敗者。

說實話，這樣累不累？非常累，不斷想證明什麼？證明自己是有用的、是個好人、受歡迎、賺得到錢。那麼渴望證明，背後的心念是什麼？表示打從內心不相信。比如說，很多人跟我說：「許醫師，你說服我，證明賽斯心法是對的，賽斯心法很好。」

我會說：「你要接觸就接觸，不接觸就哪邊涼快哪邊去，我對於證明給你看它是對的，沒有興趣。」我一點都不想證明。就像我要求某乙證明給我看，肛門可以用來大便，他會說：「瘋子，這種理所當然的事，為什麼要證明？」而在日常生活當中，我們是不是常常需要證明？想證明先生是不是真的愛我？太太是不是真的關心我？孩子是不是真的在乎我說的話？

例如一個孩子不斷闖禍，直到爸媽去警察局一天、兩天、三天，把他保出來，或是孩子殺人放火了，關在監獄，爸媽每個月去看他，當年那些他覺得最愛他、最挺他的狐群狗黨都不見蹤影，他就會發現：「原來爸媽才是愛我的。」那些生病住院的人會發現：「什麼賺錢、什麼成就、什麼情感，我看算了吧！」終於證明到什麼？命比較重要，人在天堂，錢在銀行，留著小命再說吧！

•先認可自己的價值，就不必透過生病或意外來證明自己被愛

生命的每個事件都在逼我們轉變信念，各位同學有福了，我要求每個人從今天開始，請認可自己在周遭的親友心目中是被愛的、被接納的、是安全的。請不要再證明如果現在不工作了、沒有收入了，會不會被太太看不起？岳父岳母會不會覺得當年女兒嫁錯人？請不要透過工作賺錢來證明自己有價值，證明自己是好爸爸、好先生，難道國中做的證明題還不夠嗎？我做了很多，已經不想再證明了，這樣好累喔！

但是不要誤會，我不是要大家從今天起辭職不工作，我是說，先認可自己的價值，工作自然會找上門，先認可自己的價值，自然會健康，就不必透過生病、發生災難，悲慘得一蹋糊塗，然後發現原來自己是被親人在乎的、是被愛的，我希望這件事在你們心中不斷擴展。

對我來講，了悟到這個概念後，我告訴自己，我理所當然的認可，我在父母、兄弟姊妹的心目中是被在乎的，我不要去證明了，不用去假設他們根本不在乎我、不肯定我、沒有把我說的話放在心裡，不必再去做這種神經病的控訴。

人一輩子在玩多少證明的遊戲，證明我達到業績、證明我嫁得出去。如果覺得需

要證明什麼東西，表示信念還沒有改過來。所以我今天正式要求各位，請認可你在宇宙的心目中天生就有價值，而不是因為表現好、賺的錢夠多，才有價值。

像我之前有個大陸的學生，開始修煉賽斯心法，他是一個藝文工作者，諮商時我問他，受邀去做表演活動一場多少錢？他說大約是五十萬人民幣，我瞬間覺得自己渺小了起來，我現在中正紀念堂推廣的演講一場還是零元。我繼續問他一個月大概幾場？他說如果多一點，可能十場，算起來約台幣二千五百萬。

這個世界要比的話，真的比不完，如果要用這東西決定自己的價值，跳河比較快。我連跟我的學生都不能比了，還是回到賽斯心法比較實際。其實我雖然修行了很多年，但在日常生活當中，也不見得都很有安全感，過去是因為透過我的傑出、表現好，可是對於自己在別人心目中我是被愛的、被接受的，我真的有安全感嗎？不一定。

於是我開始去面對這一點，一旦面對了，就有個現象出來：很多東西變得敢說，因為覺得有安全感了，敢讓人家知道我不夠好，有時候也會有一些邪惡的思想或負面的念頭，就是我以前講的「小愛愛」，小心眼、愛生氣、愛計較、愛比較、愛錢、好色。

像我之前輔導一個比丘尼，後來還俗了，很誠實地告訴我，她當尼姑時，性慾揮之不去，一還俗就被騙財騙色。我說：「對，因為妳經驗不足，一回生，二回熟，不是妳還俗是錯的，不是妳被騙財騙色是錯的，而是妳終於經驗了妳最害怕的事，接下來就可以自在了。」

以前我的個性很謹慎，什麼都不講，不要父母擔心，背後的心態是第一、我對他們沒有信心；第二、我對自己沒有信心，我怎麼會是個讓人家擔心的人呢？我的安全感不夠。我發現自己最近內心發生變化，變得自在了，不擔心人家對我的看法，不擔心別人覺得我不夠好。

我希望每個人從今天起建立信念：認可自己是被愛的、被宇宙所肯定的。不必再討好，不再用疾病來證明，不需以表現和收入證明自己有價值，不再證明自己是好媳婦、不會讓父母丟臉。如果要我證明上課是對的、證明賽斯心法可以把病醫好，那就累了。真正的境界是不證自明，只要好好做自己，好好學習和成長，一切慢慢會水到渠成。

60-2

‧任何時候只要可能，病人留在家中都遠比穩定地住在醫院裡要好得多

《健康之道》在板橋分處，我剛剛要說出板橋分處之前，還特別提醒自己，這次千萬不要跟上次一樣說成新店分處。這個故事告訴我們，越擔心說錯，越會說錯。

以前我講過，腦海當中不要想一顆紅色的蘋果，結果想了沒有？想了。所以父母經常提醒孩子不要打電腦、不要上網、不要懶惰，越提醒他不要什麼，將來有一天就變成什麼。為什麼要不斷提醒他？因為恐懼和擔心。我常常講，越恐懼、擔心什麼，越在促成那些事情，所以在健康上，賽斯家族不是要預防疾病，是要預防太健康，一不小心就健康過頭了。越預防疾病就表示越相信疾病，對疾病的信仰這麼強烈，才會預防，每天都在預防疾病的人，哪一天一定死得最慘。

很多人的健康概念是：不能吃這個，不然會得什麼病；不能這樣子，不然將來會怎麼樣；要注意這個，不然身體容易出問題、遺傳有問題、食物有問題，這樣的人

每天都在生活當中預防，預防到後來，就是買氧氣筒，因為空氣裡面很多的病毒和病菌，不能吸。我們整個醫學一直在預防疾病，潛意識裡面反而一直在強化。

（《健康之道》第四〇八頁倒數第七行）任何時候只要可能，病人留在家中都遠比穩定地住在醫院裡要好得多。我發現很多人不喜歡到醫院去，而且越來越不喜歡，第一、他們發現在醫院裡，病人沒有力量；第二、充滿負面暗示。很多人怕醫院是因為細菌、病毒，我們的學員倒是不怕那些。

另一個要講的是，我反對任何癌症的預防性過度治療，比如說，有家族乳癌病史的人，計算出得乳癌的機率可能是八成，就預先把乳房切掉，或是那種癌症治療統統結束了，醫生說：「我們不放心，為了預防復發，來做一個攔截性治療。」

我覺得未來整個醫療要做一個革命性的突破，例如一個得到胃癌第二期、第三期的人，問醫生說：「我能不能只把癌症的部分切掉，我的胃保留三分之二。」醫生通常會說不行，問他為什麼？他說沒意義。我當然知道，在醫學的立場這是沒意義的，手術下去了，既然要切就要切乾淨，以免日後轉移，如果切不乾淨，就不要切。結果導致許多人寧願不要全部拿掉，因此不接受治療。

問題是對醫生、對醫學也許沒有意義，但對當事人的意義可大了，第一，病人覺得胃保留了三分之二；第二、病人覺得癌細胞切掉了很好。醫學沒有顧慮到病人的感受，可是對病人有意義的事，就是對醫療有意義。未來如果我們的賽斯身心靈醫院就會容許這個做法，只切三分之一，把長癌的地方切掉，我知道不符合醫學治療，但因為這是病人的要求，我會尊重他的意願，讓他覺得被治療了，胃也保留了。

或是有些醫生會說，化療要不全部做完，要不就不要做。在我們賽斯身心靈醫院，如果病人覺得化療很痛苦，不想做，我就會說：「你來做，喜歡做幾次就做幾次。」不去管什麼醫學原則，病人的意願最重要，因為生病的主體是誰？病人，病人最大，而不是醫學，過去是醫生最大，當然現在醫生慢慢不大了，可是一般來說，很乖的病人還是認為醫生最大，這樣不對。病人是主體，要受到尊重，醫學要對病人謙卑一點，不是跟病人說：「一定要按照我的方法，否則你就走。」好像不接受醫生完整的協助，他就不協助了。其實醫學要有更多的妥協，更多對人的尊重，才是真的以病人為主體，讓病人覺得有參與的力量。

• 憤怒要被表達，而非壓抑

病人留在家中都遠比穩定地住在醫院裡要好得多。包含很多老人家住在醫院，因為怕在家隨時有個萬一，但是我只能說，有時候對老人家不公平，他們不容易適應新環境，例如會認床。像我門診最近有個老人家，嚴重的憂鬱症想自殺，她家在麻豆，可是只有台北這個兒子能好好照顧媽媽，回到了麻豆一個人住，其他兒女都不想承擔責任，所以媽媽每年只有三個月可以住在麻豆。

但麻豆是媽媽一輩子長大生活的地方，縱使台北的兒子再孝順，請了專人照顧，仍然會想家。第一天來看門診，我就跟兒子說：「你媽媽沒有憂鬱症，她只是想死而已，為什麼想死？生了那麼多兒女，竟然年紀大了，沒有辦法自己選擇住在老家。」那個兒子就哭說：「許醫師，我只能在台北照顧，沒辦法回去照顧，在麻豆的那些人又不照顧。」這時候我會講一件事：「你試著讓媽媽一個人生活看看。」許醫師並不殘忍，不要誤會我的意思，試試看，當地有資源，或是請一個當地的看護，想辦法讓老人家住在熟悉的環境為第一要務，不要只是擔心那邊沒有資源，沒有人在旁邊，跌倒了怎麼辦？否則這樣硬把她接上來更不孝。重點是要多聽老人家的心意，尊重她，有時候老人家在那個地方一個人不危險，那是她熟悉的環境。

可是，當必須住院時，家人該試著儘可能表現得誠實而公開。就是儘量告知，跟他討論，誠實而公開，不要什麼都不讓他知道，很多老人家心知肚明。叫這種家庭成員加入在同樣情況的其他團體，是個好主意，以便他們能表達自己的懷疑和猶豫。像我們的癌症團體也是，我常會請生病的學員彼此聯絡，甚至未來家屬也應該要組成一個團體，交換一些心得，因為有時候病人狀況還好，但家屬都累垮了。

事實上，有些家庭成員可能對自己一陣猛烈的未預期反應相當吃驚。他們可能發現自己對病人大怒，因為他們病倒了，而隨後因自己的第一個反應而發展出不幸的內疚感。他們可能覺得，其生命經由非他們自己的理由而被擾亂，然而對這種感受如此慚愧，以致不敢去表達它們。

賽斯分析得很貼切，意思是說，家人可能對病人憤怒，因為病人一生病，家人就要請假輪流照顧、週末開車回南部或責怪兄弟姊妹，像我爸媽一生病，我就會遷怒哥哥：「你在美國幹嘛？當和尚不能在台灣嗎？」當下會產生很多反應，甚至有時候會自責，覺得其生命不是經由自己的理由被擾亂了，而對這種感受如此慚愧，以至於不敢去表達，因為不好意思說，而變成自責感，自責沒有能力出錢出力。在這中間，一定有很多家庭的動力學出來了，哪個兒子孝順、哪個人願意盡心盡力、哪個人根本不聞不問。這些東西都要表達，所以賽斯已經在講家屬內在動力學心理上的變化。

面對同樣問題的一位治療師或一個其他團體因此能有了不起的助力。病人也可能覺得被上帝或宇宙拋棄，或許覺得不公平地被疾病攻擊，故此，激起一整個憤怒的新波動，而憤怒要被表達，而非被壓抑，是最重要的。憤怒要表達，像我一個個案是鼻咽癌，一得到就極為震驚，為什麼？他十七歲時，爸爸也是得癌症往生了。

他自己生病時，第一個念頭是：「怎麼會？我又沒有殺人放火，又沒有對不起別人。」他的憤怒沒有表達，還有過去爸爸死亡時，他的恐懼沒有表達，他今天終於說出來：「爸爸那麼壯，一得癌症，在很短的時間內就消瘦死掉了，我又沒那麼壯，怎麼可能會活？」他表達了恐懼。

很多家屬會跟病人說：「你要想開，不要生氣，不要怨天尤人。」可是在安慰病人之前，要先讓他表達恐懼和憤怒，不是一直壓抑。很多時候我們的修行都在壓抑負面情緒，這是不對的。此時癌療團體很有幫助，我們這邊有很多走過這些歷程的人，大家可以請親朋好友利用我們這些資源。

60-3

‧一旦架構二的管道打開了，新的可能性立刻在生命的所有領域打開

賽斯建議，一些生病的人，除非有醫學上的必要、生命上的危險，否則儘量不要住院，待在家裡的復原比較好，說實話，也比較不會交叉感染。像我輔導很多癌症病人，很多人覺得不想再去醫院，太負面了。而且很多人會有情緒的部分，賽斯說憤怒一定要表達出來，不要壓抑是非常重要的，但是以不傷害自己、不傷害別人為界線。

（《健康之道》第四〇九頁第九行）這樣一個人可能想像他的憤怒或怒氣充滿了一個巨大氣球的內部，不管是氣誰，想像憤怒變成一顆大的熱氣球，它隨之被一根針刺破，由內部的壓力爆破成碎片，殘礫四處散落，想像氣球整個破掉、碎掉了，散播到海洋上，或被風攫獲，但在任何情形都是病人似乎可接受的方式。

賽斯這裡在講練習。之前我還教大家另外一個想像方式，想像那個氣球是一顆水果，例如憤怒像一顆西瓜，越脹越大，最後大西瓜破掉了，裡面的西瓜籽、西瓜肉、

西瓜皮到處噴飛，慘不忍睹，或是把憤怒想像成榴槤，越來越大，像一輛卡車、一個房間、一棟大樓那麼大，最後整顆榴槤射到了海面上，這是憤怒能量的宣洩。請大家去做這個練習，以不傷害自己、不傷害別人的方式，絕對不要壓抑憤怒能量。

這種人繼續收到與表達愛，也是必不可少的。收到與表達愛很重要，尤其是我們華人真的很不習慣，要練習。我很喜歡看外國影集，因為他們不會吝於說出關心，常常把「我愛你」掛在嘴邊，我們口語上很少表達這份愛，這是我們的文化要改變的地方。

如果此人是在哀悼一個配偶或親密家人的死亡，那麼，這人或家人購買，或用其他方法提供一隻新的小寵物，會是最有益的。病人該被鼓勵儘量與牠玩耍、去養育牠、去愛撫牠及撫弄牠。比如說，一個媽媽因為孩子在遠方，無法對孩子表達出母愛，可以養一隻小狗，把牠像兒子般疼惜，一叫牠，就搖著尾巴過來，有回應，這時媽媽的愛是不是有出口了？像我們賽斯村養雞，真的很可愛，水和飼料都是自動提供，而且讓雞聽許醫師的有聲書和嘉珍執行長的冥想ＣＤ，不打疫苗，所有的食物都是天然的。

如果在哀悼一個配偶或親密家人的死亡，提供一隻小寵物，帶牠去散步，愛撫牠、養育牠，往往這樣一個過程會重新喚起新的愛之萌芽。像我們有個心臟不好的同學，可以養隻小鸚鵡，有些話無法跟太太說，就跟小寵物說。賽斯講得很清楚，若要治療心臟病，養一隻小寵物去愛牠，付出愛，比所有心臟手術和藥物更有效。

往往這樣一個過程會重新喚起新的愛之萌芽，而真地迴轉了整件事。這尤其是真的，如果在其他生活領域裡，似乎單純地發生了一或兩個有益的改變。光是做一、兩個生活上的改變，就會有所不同，甚至有時候加入一個團體、認識一個新朋友、開始投入一個新活動、養一缸金魚都可以，每天的生活就充滿了樂趣。

愛的重新喚起很可能啟動架構二到這樣一個程度，以致療癒能量變得不再阻塞。不管是各種疾病，身體開始療癒。而也將它們的可能行動之線送到此人的生活情況裡——即是說，一旦架構二的管道打開了，那麼，新的可能性立刻在生命的所有領域打開。架構二就是所有宇宙的可能性，就是內我、精神面活動的地方，所以一旦架構二的管道打開了，那麼生命新的可能性就完全打開了，看到新的未來、希望和信心。

- **生命的發展、完成及成就，遠比死亡、疾病及災難更多**

當然，其中許多都對健康和療癒過程有一個直接的關係。一個人看到希望、信心、愛了，賽斯會說，根本整個架構二的能量打開了。像我在團療跟一位同學說，去找個新的活動就是啟動架構二的能量，或是再去談一場戀愛，不管是跟人談戀愛，跟狗、跟歷史談戀愛都可以，讓生命有個新的學習。

舉個例子，種植盆栽也很療癒，養植物時會覺得如果我不去澆水，它就會渴死，所以它需要我去愛它。因此有自殺傾向的人可以養寵物或種植物，一想到家裡有一些植物在等著澆水，否則就會枯萎，這時就不會自殺，因為人皆有慈悲之心，有利他主義，會覺得：「我死沒關係，不要再連累那個植物了。」打開架構二的能量，可能性會打開，療癒能量會打開。

在這些，及所有的情況裡，該記住，身體永遠試著療癒它自己。身體每分每秒都在自我療癒，這是我們一定要種入的核心信念。而甚至最複雜的關係都試著解套。我在身心症團療裡說，有個個案六、七年前發生重大車禍腦傷，變成智能障礙，而且是器質性的精神病變，本來口齒不清，現在奇蹟發生了，智能恢復了，整個眼神慢慢變成正常人，竟然今年秋天可以上大學，很不可思議。

我知道他的大腦神經細胞起變化，那根本在醫學上是不可能的事，而且是第六、七年接觸到賽斯思想才變化的，很奧妙，連他媽媽、連我們的心理師都覺得不可能，當初根本差點沒命，腦袋根本破掉了，腦漿流出來。像這樣的狀況都會改善，所以我相信賽斯說的這句話，最複雜的關係都會試著解套，在臨床上真的都驗證了。

就生命所有彷彿的不幸而言，發展、完成及成就，遠遠比死亡、疾病及災難的比重要重。生命的意義在於發展、完成和成就，這些永遠比死亡、疾病和災難要多得多。但很多人的人生觀是悲觀的，覺得世間這麼多苦難、疾病和災難，這樣不對，我們看到更多的是發展、完成和成就。

重新來過是可以做到的，光是去思考「重新來過」這四個字，生命就充滿了希望。光是相信可以重新來過，生命就會不一樣。相信的力量是最大的，有時候我們只是知道，知道沒有用，真的相信才有用，尤其是相信重新來過是可以的。

任何人在任何情況皆可，而無論先前的情況如何，都能帶來一些有利的效果，會往有利的、好的、正向的方向發展。很多人問我：「先天的智能不足呢？」先天的智能不足大概不會變好，但大幅改善是有可能的。有個學員跟我說，女兒生下來三歲就癲癇發作，已經到達輕度或中度智能障礙，我跟她說，賽斯心法不會說這種狀況會痊癒，可是會大幅改善。

以最基本的方式，在所有的疾病背後，都有表達的需要，而當人們覺得，他們的成長領域被削減時，那時他們便煽動行動，意思是要讓道路暢通無阻，可以這樣說。我們之前講過，生命即表達，表達是好的、對的、安全的，但這是到後來，剛開始的表達一定是衝突。

所有疾病背後都有一種表達的障礙和表達的需要，情緒表達的問題、思維表達的問題、生命無法做自己的問題，不管是說不出來、哭不出來、笑不出來，還是找不到人生的方向。賽斯說，要讓表達的管道暢通，人才會健康。

60-4

・在健康問題顯現之前，幾乎永遠有一個自尊或表達的喪失

（《健康之道》第四一一頁第八行）在健康問題顯現之前，幾乎永遠有一個自尊或表達的喪失。覺得自己越來越不快樂，開始沒有自信心，活得越來越沒有尊嚴，沒辦法理直氣壯。比如說回到婆家或爸媽家，委屈難過，覺得付出很多又不被肯定、不被重視，尊嚴是不是不見了？面對主管和同事，尊嚴也不見了，自尊喪失了，而且無法表達。所以健康問題出現之前，都有這些狀態出來。

這喪失可能發生在環境本身，在社會情況的改變裡。例如，在所謂愛滋病的事情中，有一群的同性戀者，許多是第一次「出櫃」，參與提倡他們理想的組織，而突然面對人口的許多其他部分的懷疑和不信任。之前有個藝人的女兒自殺，媽媽在女兒的告別式上揮舞彩虹旗，媽媽做的是什麼事？幫女兒出櫃，也告訴女兒：「妳是同性戀，可是媽媽以妳為榮。」

愛滋病是怎麼來的？就是覺得自己不被社會所認可，內在的痛苦無法表達，所以我們的社會如果越認可同性戀，愛滋病人口就會越降低。

想表達他們自己，及其獨特能力和特色的奮鬥，驅策他們向前，然而卻太常被圍繞著它們的無知和誤解所挫敗。出櫃了，有沒有壓力？有，因為別人不認可、不理解。結果便有了某些像一種心理感染的東西。什麼叫心理感染？無力感，有時候我們脆弱時，有沒有很容易受打擊？有。

我個人滿佩服昭慧法師，她做了兩件事我覺得很棒，第一個是廢除佛法當中的八敬法，這是佛法當中一個歧視女性的規定，在佛法裡面，女人不能直接成佛，要轉世當男人，當和尚然後才能成佛。再來在佛法裡，女性的地位再怎麼高，永遠比男性的地位低，所以像證嚴法師是比丘尼，在路上遇到一個剛剃度的比丘，她要跟對方敬禮，在古代甚至要下跪，公平嗎？當然不公平。再來，她幫一對女同性戀主持佛教婚禮，但在過去的佛法是不認可的，她敢幫她們主持婚禮，我覺得值得鼓勵。

賽斯心法一直在推廣不一樣的觀念，這個月台灣身心靈全人健康醫學學會要成立了，表示我們要來發揮力量了，現在還不招收一般會員，可是我希望將來想要改變醫學的、有理想的都來加入，這個醫學會將來需要大家的力量去改革，如果不投入改革，會充滿了無力感。

請放心，許醫師所有的改革都是溫和的，因為賽斯心法裡面有一句話：「開悟的人心中沒有敵人。」賽斯家族沒有要對抗的、沒有要推翻的，所有賽斯家族的心目中沒有敵人，我們只有想做的事，只有要推廣的理想，我不去跟任何人作對，這點我覺得非常重要。

• 無論肉體上發生了什麼改變，都是因為求生的意志減弱了

當所涉及的人掙扎著去與反對他們的偏見戰鬥時，他們開始感覺甚至更沮喪，許多人幾乎恨他們自己，就所有他們彷彿的虛張聲勢而言，他們害怕自己的確是人類不自然的成員。最近有則新聞，好像是澳門一個船王的女兒是同性戀，爸爸明明知道女兒是同性戀，而且跟另外一個女人在一起，還幫女兒徵求女婿，意思是哪一個男人能夠改變女兒的性向，就願意給對方一筆錢。

當然，我不否定這個爸爸愛女兒，可是爸爸說：「女生愛女生本來就不正常，我只是要把女兒變正常。」這是偏見，我不說對還是錯，以賽斯心法這裡所說，當這個人要去跟他反對的偏見戰鬥時，會覺得很沮喪，甚至恨自己，就他的虛張聲勢而言，

害怕自己的確是不正常，而且是不自然的。

就像生病的同學，會不會覺得自卑？會，覺得自己不正常、不健康了。這種想法不對，賽斯心法要告訴大家，生病是人類健康過程的一部分，沒有不正常，這就是我們賽斯心法的愛，沒有人因為生病被當作不正常，生病也不是不自然的，真的是生命過程的一部分，不需要因此而自卑。

當這些人在心理上感染了這樣的一種無力感，認為再怎麼奮鬥都不會被接受，這些信念瓦解了免疫系統，這就是什麼？愛滋病。賽斯早在一九八四年就講了，這樣的心情瓦解了免疫系統，而帶來與此病如此相連的症狀。到那程度，愛滋病是個社會現象，表達深深的不滿足、懷疑，及一個被歧視的社會環節的憤怒。背後其實是一種不滿足，為什麼自己不能被接納？還有一種懷疑和被歧視的社會環節的憤怒，它是社會疾病，不只是單純的ＨＩＶ。

另外一個我講癌症，第一、癌症當然是不會傳染的；第二、這個社會得癌症的人有沒有越來越多？為什麼？我們要指向的方向，不是空氣有多汙染，食物有多汙染，農藥有多麼多，這些不對，其實是越來越多的人不快樂。所有人類都掉入了一個陷阱，被自我意識的恐懼、懷疑、擔心、不信任綁架了，一直要用自我意識取代意識心。

什麼是自我意識？擔心、恐懼、不安全，所以目前的人類如果不走心靈這條路，這個世界會完蛋，真的太多人不快樂了。所有的人都被自我意識綁架，而自我意識不斷負面擴展，整個賽斯和身心靈的觀念是要讓自我意識回來信任意識心，因為人類的自我意識已經不斷擴展成一隻怪獸，把自己層層包圍，整個人類社會越來越不快樂。

像我最近發現台灣人太情緒化，事情一來就是先起情緒，難怪颱風這麼多，台灣人的能量太強了。好像沒有情緒解決不了事情，發表不了自己的意見，不一定要如此，試著去感受看看，不一定要有那麼多的情緒，甚至在表達意見或拒絕時，需要起那麼多情緒嗎？可是有時候，我覺得我們內在是膽小的，好像沒有情緒不能壯膽，我們真的沒有安全感，好像必須要有情緒才是對的。

車禍也是一樣，擦撞後就是下來比誰大聲，好像先兇先贏。有時候從另一個角度看我們的社會、看台灣人的性格，我覺得相當有趣。我們太容易情緒化，需要有這麼多情緒嗎？也許我不只是說給各位聽，也在說給自己聽，需要這麼多情緒嗎？很多事情需要帶著情緒去說嗎？需要這麼容易擔心，這麼快就發脾氣嗎？講話要這麼大聲，立刻就不高興嗎？這是我們要回來面對的東西。後來我才跟大家講，為什麼我們颱風地震這麼多？因為老天爺也在幫我們宣洩能量，讓大家冷靜一下，疾病的用意也是如此。所以自我意識真的不能再無限負面擴大了，要學會放下和信任。

無論肉體上發生了什麼改變，免疫力降低之類的，都是因為求生的意志減弱了。愛滋病是一種生物上的抗議，好像象徵性地說：「你們不如殺死我們吧。我們可能比現在你們對待我們的方式還要好些！」他們內在的抗議是：「社會不接受同性戀，還不如死掉算了。為什麼我不能跟我愛的人結婚？為什麼我要偷偷摸摸的？為什麼要被歧視？為什麼不能活得有尊嚴？難道我不正常嗎？難道我不對嗎？」

或好像它是一種自殺劇，其中的訊息是：「看看你們的行為將我們引領到什麼結果！」看整個社會是怎麼對待這一群人。我之前開過玩笑，台灣社會很多父母都說對同性戀的包容度滿高的，但前提是只要不是自己的孩子就好。可是我要說，所有的孩子都是我們的孩子，我們的包容度越高，整個社會就越健康。

• 過去、現在、未來同時存在，改變過去的目的是要幫助現在

剛才有學員問，時間是過去、現在、未來在同一個平行線上，我們如何去改變過去的自己？

我先從可能性的角度說明，比如說，當年某甲跟先生吵得很兇，對當年的她而

言，彷彿只有離婚這條路。假設過了十年，她接觸了賽斯心法，再回頭想，十年前跟先生其實不一定不相愛，只是內在沒有溝通得很好，於是她起了一個念頭：「如果我再回到當年，是不是不一定走上離婚那條路？是不是可以去找婚姻諮商師、或是去追求身心靈成長？」如果早十年接觸賽斯心法，也許當年的她會做不一樣的決定。

只要一起了這個念頭，過去就改變了，會突然在廣闊的現在，出現某一個過去的可能性，岔出一條新的路，所以有一個可能性的她，在現在回到過去，去創造一個新的過去，那個新的過去是十年前有一個她，其實沒有離婚，因為她從她的現在看到了十年前，不一定要走那條路。當她做完這個練習兩天，突然接到前夫的電話，想跟她吃個飯，為十年前的事情道歉，或是前夫最近看了許醫師的書，覺得有很多心裡的話沒有說，於是在第十一年、十二年，也許有一天跟前夫復合，或是跟前夫把心結打開，變成好朋友，終於又有勇氣進入另一段婚姻了。

當我們說過去、現在、未來同時存在，我不是要各位回去改變過去，過去就過去了，改變過去有什麼用？我的重點是改變了過去，當下就變了，比如說，如果癌症病人來找我，一定會幫他找出當年得癌症的原因，大家會覺得奇怪，都得了癌症，為什麼要找原因？

或許他說：「如果我五年前就認識賽斯、認識許醫師，五年前這樣這樣，不要那樣那樣，搞不好就不會得癌症了。」我說：「現在還來得及，我們回到五年前，你做改變。五年前改變了，現在癌症就會加速療癒，五個月內就會改善。」所以改變過去的目的其實是要幫助現在。

又比如說，某乙十年前跟家人大吵一架，從此不再說話，回去改變了那個過去，會很奧妙的發現，為什麼隔天家人跟他聯絡了，然後說：「不好意思，當年我們也有錯。」或是某乙莫名其妙想跟他們道歉。

所謂改變過去，真的會讓過去改變了，而且因著那個改變的過去，當下起了新的變化。我常常透過一個練習來加深我的賽斯功力，我會告訴自己：「我是打從娘胎就開始學習賽斯。」事實上我不是，我是民國七十六年才開始學的，可是我老是會創造一個過去，就是我打從娘胎就開始學了，利用這個東西來增加功力。當我創造了一個新的過去，我當下的功力會加深。當我們說過去、現在、未來同時存在，都在廣闊的現在，當下可以改變過去、改變未來，我們真正的目的是為了什麼？當下。

一旦了解當年得癌症的理由，或是自己在心裡想：「我好傻，當年為什麼這樣委屈自己？為什麼不疼惜自己？為什麼要忍氣吞聲？為什麼要這樣壓抑？」在那邊拍大腿的時候，事實上是為了改變當下：「老娘我決定從今天開始，不再忍耐了，決定要理直氣和，應該是我的我要爭取，不該是我的不要強求，該答應別人的我會做到，不該答應別人的不會再接受。我決定要開始愛自己。」雖然我們說改變的是過去，可是真正看到的效益點是在當下。

愛的推廣辦法

看完這本書，是否激盪出您內心世界的漣漪？

如果您喜歡我們的出版品，願意贊助給更多朋友們閱讀，下列方式建議給您：

1. 訂購出版品：如果您願意訂購一千本（印刷的最低印量）以上，我們將很樂意以商品「愛的推廣價」（原售價之65折）回饋給您。

2. 贊助行銷推廣費用：如果您認同賽斯文化的理念，願意贊助行銷推廣費用支持我們經營事業，金額達萬元以上者，我們將在下一本新書另闢專頁，標上您的大名以示感謝（每達一萬元以一名稱為限）。

請連絡賽斯文化或財團法人新時代賽斯教育基金會各地分處，我們將盡快為您處理。

●愛的連絡處

如果您認同本書的觀念及內容，想要接受我們的協助；如果您十分認同本書的理念，想依循本書的觀念成為一位助人者的角色；如果您樂見本書理念的推廣，而願意提供精神及實質的協助；請與財團法人新時代賽斯教育基金會各地分處連繫：

●台中總會　電話：04-22364612　傳真：04-22366503
E-mail: edu10731@seth.org.tw
台中市北區崇德路一段六三一號A棟十樓之一

●台北辦事處　電話：02-25420855
E-mail: taipei@seth.org.tw
台北市中山區長安東路二段四九號六樓

●新北辦事處　電話：02-26791780
E-mail: xinpei@seth.org.tw
新北市新莊區思源路一七三號十二樓

●新竹辦事處　電話：03-6590339
E-mail: hsinchu@seth.org.tw
新竹縣竹北市嘉豐六路一段九六號二樓

●嘉義辦事處　電話：05-2754886
E-mail: Chiayi@seth.org.tw
嘉義市吳鳳北路三八一號四樓

●台南辦事處　電話：06-2134563
E-mail: tainan@seth.org.tw
台南市中西區開山路二四五號十樓

●高雄辦事處　電話：07-5509312　傳真：07-5509313
E-mail: kaohsiung@seth.org.tw
高雄市前金區中山二路五〇七號四樓

●屏東辦事處　電話：08-7212028　傳真：08-7214703
E-mail: pintong@seth.org.tw
屏東市廣東路一二〇巷二號

●賽斯村　電話：03-8764797　傳真：03-8764317
E-mail: sethvillage@seth.org.tw
花蓮縣鳳林鎮鳳凰路三〇〇號

●賽斯ＴＶ　電話：02-28559060
E-mail: sethtv@seth.org.tw
新北市新店區北新路一段二九三號七樓之三

●香港聯絡處　電話：+852-27723644
E-mail: ennovynahc@gmail.com

●深圳市麥田心靈文化產業有限公司　許添盛微信訂閱號：SETH-CN　微信：chinaseth　電話：+86-15712153855

●新加坡賽斯基金會　電話：+6586995765　E-mail: sethsingapore@hotmail.com

●馬來西亞賽斯教育俱樂部　電話：+6019-6685771　E-mail: loveseth.my@gmail.com

●賽斯教育基金會歐洲分會　電話：+32478656779　E-mail: englishsecretary@seth.org.tw

●台灣身心靈全人健康醫學學會　電話：02-22193379　傳真：02-22197106
E-mail: tshm2075@gmail.com
新北市新店區中央七街二六號四樓

心情。筆記

Note

心情。筆記

Note

心情。筆記

Note

心情。筆記

Note

國家圖書館出版品預行編目（CIP）資料

放鬆的心智：《健康之道》讀書會. 6／許添盛主講
李宜懃文字整理. -- 初版. -- 新北市：
賽斯文化事業有限公司, 2025.07

面；公分. -- (賽斯心法；25)

ISBN 978-626-7696-05-7(平裝)

1.CST：超心理學　2.CST：讀書會

175.9　　114005746

每天的生活，都是靈魂的精心創造

You create your own reality.

每天的生活，都是靈魂的精心創造

You create your own reality.